Neue Spielgeschichten und Theaterstücke

Lorenz Wieland

Neue Spielgeschichten und Theaterstücke

Inhalt

Bevor es losgeht 5

Schwan, kleb an 12

Zirkus, Zirkus 19

Sternengeschichte 42

Die Überraschungskiste 50

Prinzessin Li
und der Räuber Karabasso 58

Die Werkzeugkiste 72

Sommer im Käfig 82

BEVOR ES LOSGEHT

In diesem Buch finden Sie sieben neue Spielstücke für Theatergruppen und für Schulklassen.

● Die kurzen Stücke sind für Kinder ab etwa acht Jahren, und eine Aufführung dauert zwischen fünf und dreißig Minuten. Bei einfacheren, in Reimform gehaltenen Stücken (zum Beispiel „Sternengeschichte") können aber auch schon kleinere Kinder mitmachen. Die längeren Stücke – „Prinzessin Li und der Räuber Karabasso" und „Sommer im Käfig" – richten sich an die Zehn- bis Elfjährigen.

● Zu allen Stücken gibt es Ratschläge für die Umsetzung: Basteltips für Kostüme und Bühne, Spieltips und Regieanweisungen. Diese Anregungen sind sicher hilfreich. Scheuen Sie sich aber nicht, eigene Ideen umzusetzen.

● Einige Stücke, wie „Zirkus, Zirkus", können gut von sehr großen Gruppen gespielt werden. Andere, wie „Schwan, kleb an" und „Die Überraschungskiste" eignen sich eher für kleinere Gruppen. In jedem Fall können die Stücke nach Belieben erweitert oder gekürzt werden. Je nach Anzahl der Spieler müssen Sie Rollen aufteilen oder auch streichen (siehe „Sternengeschichte").

● Die Rollen und damit auch die Sprecherwechsel sind durch Vignetten gekennzeichnet, die Ihnen ab Seite 9 vorgestellt werden. Auf Sprechernamen wird verzichtet, denn Sie und die Kinder sollten sie sich selbst ausdenken. Hier ein Beispiel:

Nanu?
Wer sitzt hier so verlassen?
Was ist denn nur mit dir?
Hast du denn kein Zuhause?
Es ist doch schon nach vier!

 Ich ... Ich bin ...

 ... alleine. Das seh' ich.

Bevor es losgeht

● Häufig gibt es einen Chor, der spricht – gekennzeichnet durch das Symbol ⬚ – oder singt, Symbol ⬚ . So können auch Kinder mitmachen, die bei der Aufführung keine Schauspieler sind. Wenn Sie weniger als vier Kinder haben, dann übernehmen Sie oder ein besonders textsicheres Kind die Sprecherrolle, und die Schauspieler singen die Lieder „aus der Szene heraus".

● Musik ist ein wichtiges Stimmungsmittel bei einer Aufführung und ein guter Start in ein Theaterprojekt. Deshalb hat der Autor für viele Stücke Lieder geschrieben und mit Akkorden versehen: Großbuchstaben „D, G, A ..." stehen für die Tonart Dur, kleine Buchstaben „d, g, a ..." für Moll. Lieder und Begleitmusiken gibt es auf Tonträger (pläne Verlag), der auch andere hilfreiche Theatermusiken wie Fanfarenklänge, Verzauberungsgeräusche oder Pausenmusiken enthält.

● Wer noch nie ein Spiel geleitet hat, sollte sich zunächst an einem kleineren Stück oder an einer einzelnen Szene versuchen, bevor er sich einem größeren Projekt zuwendet.

● Die Aufführung ist natürlich das „Sahnehäubchen" des Theaterspielens, und es ist „Ehrensache", daß Sie und die Kinder die Bühne und vielleicht auch den Zuschauerraum schön schmücken. Mit geflochtenen Kreppapierbändern läßt sich ein Zimmer in einen festlich bunten Raum verwandeln. Sitzbänke können Sie kostenlos oder gegen ein geringes Entgelt bei Getränkegroßmärkten oder Brauereien ausleihen.
Vergessen Sie bei aller Mühe, die Sie sich geben, aber nicht: Das Vergnügen der Spieler sollte genauso groß sein wie der Spaß, den die Zuschauer haben. Der Aufwand zur Herstellung von Kostümen und von Kulissen darf nicht unangemessen hoch sein! Die Erfahrung zeigt, daß verblüffend einfache Umsetzungen fast immer wirkungsvoller sind als aufwendige Lösungen, die Zeit, Geld und Energie verschlingen.

Bevor es losgeht

● Wenn Sie eines der Stücke an einem Kindergeburtstag mit ihren Gästen einüben wollen, dann werden die Texte vorgelesen, und die Schauspieler stellen die Handlung pantomimisch dar. In der Einladung, die auch das Festtagsmotto enthalten sollte, bitten Sie die Gäste, bestimmte Dinge mitzubringen (etwa Tücher, dunkle Bettlaken, Hüte, Leggings ...) und Ihnen mitzuteilen, ob sie diese Wünsche erfüllen können. Auf die Weise haben Sie schnell einen stattlichen Fundus für das Geburtstags-Theaterstück zusammen.

● Wenn Sie öfter Stücke mit Kindern aufführen, dann legen Sie sich mit Ihrer Gruppe eine „Theaterkiste" an, auf die Sie immer wieder zurückgreifen können. Sammeln Sie ausrangierte Kleidung, Hüte, Mützen und Requisiten. Das macht die Spielvorbereitung das nächste Mal viel einfacher.

● Der Hintergrundvorhang ist das wichtigste Element: Er macht aus jedem Klassenzimmer sofort einen Theaterraum. Wenn der Vorhang nicht bemalt ist, sollte er dunkel sein, denn weißer Stoff läßt die Spieler sehr blaß aussehen und reflektiert das Licht zu stark.
Sie benötigen für einen Hintergrundvorhang eine Stofffläche (Sackleinen, Nessel) von etwa 12 qm, die Sie aus vier Bahnen à 3 m zusammennähen.

Bevor es losgeht

Die obere Kante versehen Sie mit einem Saum von etwa 5 cm, der links und rechts offenbleibt. Dort ziehen Sie eine Schnur hindurch und binden diese links und rechts an stabilen Widerlagern an den Wänden fest. Gegebenenfalls müssen Haken mit Dübeln in den Wänden befestigt werden.
Sie können aber auch einfach eine Wäscheleine spannen und daran Tücher oder Bettlaken befestigen, die bis auf den Boden herunterhängen.
Oder Sie verwenden Makulaturpapier (es gibt bis zu 50 m lange Rollen), das Sie am besten doppelt legen und mit Kleister verkleben, damit der Vorhang stabil wird. Die Kinder können ihn mit riesigen Bühnenbildern bemalen. Das ist allerdings zeitaufwendig, und außerdem brauchen Sie auch viel Platz, um den Vorhang aufzubewahren.
Den oberen Rand eines solchen Vorhanges klemmen Sie zwischen zwei Dachlatten fest, die Sie miteinander verschrauben. Dadurch wird er gut festgehalten, ohne allzu schnell einzureißen. Die Dachlatten befestigen Sie – links und rechts – mit Schnüren an Deckenhaken.

● Auf einer erhöhten Bühne zu spielen hat viele Vorzüge: Die Spieler sind leichter zu sehen und besser zu hören, als wenn sie ebenerdig spielen. Eine einfache Bühne läßt sich aus Baupaletten herstellen, auf die anschließend Bretter genagelt werden.

● Weinkisten sind als Sitzgelegenheiten für die Bühne (und für den Zuschauerraum) gut geeignet. Sie lassen sich zudem gut für die Dekoration einsetzen, zum Beispiel übereinander oder hintereinandergestellt als Zäune oder als Mobiliar.

● Bühnenscheinwerfer für die Beleuchtung sollten Sie ausleihen. Sinnvoll sind etwa vier Scheinwerfer mit einer Leistung von ungefähr 2000 Watt. Da direktes Licht der Netzhaut schadet, wird das Licht auf Stativen bis auf etwa 2,20 m angehoben, denn so blendet es nicht mehr so stark. Aus dem gleichen Grund strahlt man über Kreuz, und das

Bevor es losgeht

heißt, der linke Strahler leuchtet auf die rechte Bühnenseite und umgekehrt.
Licht von unten und blaues Licht erzeugen eine gespenstische Stimmung. Gelbes und rotes Licht machen die Szenerie freundlicher.
Wenn Sie noch weitere Strahler zur Verfügung haben, dann beleuchten Sie die Bühne am besten auch von den Seiten, dadurch wirkt das Bühnengeschehen plastischer.

● Gute Spielvorbereitungen und Aufwärmspiele finden Sie in Band 4696, Gisela Walter, „Kinder spielen Theater".

Bevor es losgeht

● Hier nun ein Überblick über die in den einzelnen Stücken verwendeten Vignetten für die Sprecher und ihre Bedeutungen:

Schwan, kleb an

 Erzähler

Zirkus, Zirkus

 der Direktor

 die Frau des Direktors

 der Clown Knopf    der Clown Hose

 der Clown Bindfaden    der Dompteur

Eine Sternengeschichte

 der Nachtwächter

 der heruntergefallene Stern

 der Apotheker    der Goldschmied

 der Bürgermeister    der Wirt

 Frau Kimmerle-Hoppe

Die Überraschungskiste

 der Hund    das Schwein

 die Katze   der Igel

 das Käuzchen    der Papagei

 der Bär

Bevor es losgeht

Prinzessin Li und der Räuber Karabasso

 Prinzessin Li

 der Räuber Karabasso

 der Zimmermann 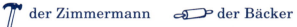 der Bäcker

 der Schneider  der Schmied

Die Werkzeugkiste

 der Meister   der Lehrling

 das Lot   der Hammer

 die Beißzange die Säge

 der Bohrer   die Drahtrolle

 der Schraubendreher

 die Feilen   die Schrauben

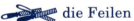 die Nägel   der Zollstock

 das Geräuschorchester

Sommer im Käfig

 Herr Bert   Frau Trude

 Frau Veronika   Herr Lothar

 der Wanderer   Klaus

 Hans und Franz, die Eisesser

 der Sommer

SCHWAN, KLEB AN

Handlung

Dieses altbekannte Märchen führen die Kinder als Pantomime auf. Einer oder mehrere Spieler sprechen den Text dazu.

Gottfried hat einen Schwan mit einer besonderen Eigenschaft: Jeder, der diesen Schwan unerlaubt am Schwanz anfaßt, bleibt an ihm kleben. Als die traurige Prinzessin das sieht, lacht sie zum ersten Mal in ihrem Leben. Darüber ist der König so froh, daß er Gottfried die Prinzessin zur Frau gibt. Der Schwan bekommt seine Freiheit.

Bühne

Da die Spieler bei einer Pantomime gut zu sehen sein müssen, sollten Sie einige Bühnenpodeste besorgen oder eine eigene Bühne bauen.

Ein kleines Podest kann zum Beispiel aus zusammengestellten Weinkisten bestehen, wenn diese stabil genug sind! Weinkisten sind sehr belastbar, allerdings schwieriger zu beschaffen als dünne Obstkisten, die sich gut für den Bühnenaufbau nutzen lassen. Obstkisten bekommen Sie im Lebensmittelhandel.

Für Ihre Bühne zu „Schwan, kleb an" werden 16 Weinkisten benötigt, die Sie als Quadrat (vier mal vier Kisten) nebeneinander aufstellen. Damit die Bühne nicht verrutscht, wird sie anschließend mit langen Leisten – der Länge und der Breite nach – verschraubt.

Im Hintergrund hängt ein Vorhang. Links davon (vom Zuschauer aus gesehen) treten die Kinder auf. Wenn sie ihre Szene zu Ende gespielt haben, gehen sie nach rechts ab. Wie bei einer Bildergeschichte folgt Szene auf Szene. Die Sprecher stehen links oder rechts vor der Bühne – möglicherweise auch auf einer einzelnen Kiste – und wenden sich beim Sprechen den Zuschauern zu. Wenn Sie keinen Schwan aus Styropor im Bastelgeschäft kaufen möchten (es gibt sie auch in manchen Einrichtungshäusern), stellt Gottfried ihn auf andere Weisen dar. Am einfachsten ist die folgende: Gottfried breitet seine Arme so aus, als ob er einen Schwan in den Armen hält.

Schwan, kleb an

Oder Sie sägen aus Hart- oder Weichfaserplatten mit einer Laub- oder Stichsäge einen Schwan aus, der dann beidseitig weiß bemalt und vielleicht sogar mit Federn beklebt wird (finden sich an Teichen und Anlagenseen oder im Bastelhandel erhältlich).

Kostüme

Als Kostüme bieten sich schwarze „Bodys" oder schwarze Gymnastikhosen an, zu denen T-Shirts in derselben Farbe getragen werden. Jeweils ein oder zwei Accessoires kennzeichnen die Rollen, wie es die folgenden Beispiele verdeutlichen:
Der *König* trägt eine Krone und einen roten Umhang.
Die *alte Frau* hat ein Kopftuch umgebunden und stützt sich auf einen Stock.
Die *Waschfrau* trägt eine Schürze und ein nach hinten gebundenes Kopftuch. Außerdem hält sie einen Korb mit Wäsche in den Händen.

Einstudieren

Die Pantomime ist eine eigene Kunstform. Natürlich dauert es Jahre, bis eine Meisterschaft in dieser Kunst erlangt wird. Trotzdem können auch Anfänger schon gute Ergebnisse erzielen, wenn sie einige Dinge berücksichtigen:
● Genau absprechen, wo sich unsichtbare Gegenstände (wie Käfig, Schwan ...) befinden.
● Gesten „groß" und vor allem ganz langsam ausführen.
● Am Schluß einer Bewegung immer einen Augenblick lang innehalten.

Die Kunststücke, die die Gaukler vorführen, müssen geübt werden: ein kleiner Tanz, Jonglieren (siehe „Zirkus, Zirkus", Seite 23/24), Handstand oder Radschlagen. Für eine Pyramide stellt sich ein Kind auf die Schenkel der beiden anderen Spieler und steht zum Schluß freihändig.

Spieltips

Unterteilen Sie das Stück in einzelne Passagen, und setzen Sie es erst wieder zusammen, wenn die Kinder alle Passagen beherrschen.
Die Rolle des Erzählers kann entweder ein Kind

Schwan, kleb an

übernehmen, oder mehrere Spieler teilen sich diese Aufgabe.
Die letzte Strophe sprechen alle gemeinsam, das heißt, auch die Schauspieler auf der Bühne. Das Chorsprechen muß gut geübt werden, damit der Text wie aus einem Munde klingt. Am besten ist es, wenn Sie den Chor dirigieren, das heißt die Sprecheinsätze geben. Dazu stellen Sie sich so auf, daß alle Schauspieler Sie gut sehen können.

Musik

Kinder, die keine Schauspielrolle übernehmen, sind Musik- oder Geräuschemacher. Das Heranpirschen an den Schwan kann man gut auf einem Xylophon akustisch begleiten. Das „Ankleben" läßt sich mit einer *Guiro* (span.: Gurke), einem fischförmigen Perkussionsinstrument, untermalen, das Gehen mit einem Tambourin.
Kleine Melodien für den Übergang von der einen zur anderen Szene auf dem Xylophon zu erfinden ist nicht schwer. Vielleicht möchten die Kinder das machen und haben Vorschläge.

Spieler

Zusätzlich zu den Schauspielern benötigen Sie einen oder mehrere Sprecher und ein möglichst großes Geräuscheorchester.

Rollen

Gottfried
die alte Frau
der Mann mit dem Schwan
die Waschfrau
der Schornsteinfeger
der Amtmann
die Frau des Amtmanns
drei Gaukler
der König
die Prinzessin

Schwan, kleb an

Gottfried sitzt alleine auf einer Kiste oder auf dem Bühnenrand. Ein altes Weiblein tritt von einer Bühnenseite hinzu.
Der Erzähler bewegt seine Hände und zeigt so an, auf wen sich sein Text bezieht.

Es sitzt ein Junge ganz allein –
Gottfried heißt er – auf 'nem Stein.
Er weint und klagt so jämmerlich,
denn Jakob und auch Friederich,
die hieben ihn und stießen ihn,
die neckten ihn und zweckten ihn.
Tagaus, tagein und in der Nacht,
und haben ihn auch oft verlacht.

Ein Weiblein kommt, tritt zu ihm her,
trägt einen Korb voll Beeren.
„Bub, sag, was ist? Du weinst so sehr,
was kann dich so beschweren?"
„Ein Nichtsnutz bin ich leider nur,
erhasch' kein Quentchen Glück,
von Kraft und Stärke keine Spur!
Und Heldenmut? Kein Stück!"
„Das glaub ich nicht einmal im Traum.
Siehst du da drüben jenen Baum?
Ein Mann wird dort heut abend rasten,
er trägt in einem Käfigkasten
einen wunderschönen Schwan.
Schleiche dich an den heran,
denn dieses Tier mußt du befreien.

Es wird dir ewig Glück verleihen!"
„Nun gut", denkt Gottfried, „soll's geschehn,
Was hab' ich zu verlieren?"
Schon sind dort Mann und Schwan zu sehn.
Jetzt wird es gleich passieren!
Der Käfig wird nun abgestellt
mit Schwan am Birnenbaum.
Der Mann, er legt sich, und er fällt
in einen tiefen Traum.
Da pirscht sich, robbt sich einer ran,
Gottfried ist es, will den Schwan.
Er hat ihn, packt ihn, rennt davon;
da steht das alte Weiblein schon.
„Wenn einer deinen Schwan berührt,
so wird er von dir fortgeführt.
Sprich nur einfach: ‚Schwan, kleb an!' –
Nur dies' Stöckchen löst den Bann."

Das alte Weiblein entfernt sich nun.

Gottfried geht auf Wanderschaft: Er geht rechts hinter dem Vorhang ab, kommt links zurück auf die Bühne.

Die Waschfrau streckt neugierig den Kopf hinter dem Vorhang hervor, und erstaunt stellt sie ihren Korb mit Wäsche ab, als sie Gottfried und den Schwan sieht.

Schwan, kleb an

 Eine Waschfrau kommt entgegen und bleibt dann vor Gottfried stehn.
„Nie zuvor in meinem Leben, hab' ich so reines Weiß gesehn!"
Als sie den Schwan berühren will, spricht Gottfried: „Schwan, kleb an!"
Jetzt steht die Frau erschrocken still,
weil sie nicht flüchten kann.

Gottfried und die „angeklebte" Waschfrau gehen rechts von der Bühne ab, treten dann links wieder auf.

Der Schornsteinfeger – vielleicht mit einer Leiter unter dem Arm – umkreist Gottfried tänzelnd und schaut immerzu gebannt auf den Schwan.

 Ein Schornsteinfeger auf der Walz' fragt, ob er nicht – gegeb'nenfalls – eine Feder dem Zylinder,
auch als Freude für die Kinder,
anstecken dürfte, einfach so.
Und sucht sie auch schon irgendwo.
Und findet gleich die allerbeste, greift zu und klebt schon – richtig feste!

Gottfried und die „angeklebten" Personen gehen ab.

Nun treten drei Gaukler auf, die sich in Positur aufstellen und einfache Kunststücke vorführen. Gottfried kommt mit seinen angeklebten Begleitern auf die Bühne. Sobald die Gaukler den Schwan sehen, halten sie inne mit ihren Kunststücken: Sie lassen alle Bälle fallen, rutschen auf dem Boden aus, fallen um…

Schwan, kleb an

 Jetzt hört man Walzer und Musette
und sieht drei Gaukler tanzen.
„Der Schwan ist rund, der Schwan ist fett,
der kommt in unsren Ranzen!"
Sie fragen nicht, sie schnappen zu –
das tut auch Gottfrieds Falle.
„Man hält uns fest, laß uns in Ruh',
Gemeinheit!" rufen alle.

Alle gehen zusammen rechts ab und treten links wieder auf.

Da kommt ihnen der Amtmann – mit seiner großen Mappe unterm Arm – entgegen.

 So sind's nun fünf schon in der Reih',
da eilt ein Amtsmann noch vorbei,
sucht Federn für die Schreiberstube.

„Ich kaufe alle, lieber Bube!"
„Und ich verkauf' kein einz'ges Stück,
denn dieser Vogel bringt mir Glück!"
Und Gottfried flüstert: „Schwan, kleb an."
Der Amtsmann klebt und folgt ihm dann.

Alle gehen rechts ab und treten links wieder auf.

Jetzt erscheint – aufgeregt suchend – die Frau des Amtmanns.

 „Mein Lieb', mein Mann, was ist mit Dir?
Ich warte schon seit Stunden!
Was hält dich denn solange hier?
Ich bin dir doch verbunden!"
Und wirklich kann man's deutlich sehen,

Schwan, kleb an

Frau Amtsmann klebt an ihrem Mann,
will überhaupt nicht wieder gehen.
Der Schwan, der hält so fest er kann.

Alle gehen rechts ab und treten links wieder auf.

Der König und die Prinzessin kommen auf die Bühne, um sich das seltsame Gespann anzusehen.

Der Schwanenzug ist sehenswert,
und als der König das erfährt,
geht er mit der Prinzessin hin;
das hatte nur den einz'gen Sinn:
Sie zu erfreun; sie lacht ja nie!
Der Hofstaat ist bemüht um sie,
doch immer bleibt ihr Herz traurig und voll Schmerz.

Nun, als sie Gottfrieds Umzug sieht,
ertönt ein helles Lachen,
all ihre Traurigkeit entflieht,
sie ruft: „Mehr lust'ge Sachen!"
Der König weint nun Freudentränen
und gibt Gottfried seinen Lohn:
Was ist's, wonach sich alle sehnen?
Nach der Prinzessin und dem Thron!
Nun zaubert Gottfried alle frei,
sie lösen sich aus dieser Reih'.
Und auch der Schornsteinfeger geht,
als hätte ihn der Sturm verweht.

Zu guter Letzt flieht auch der Schwan,
zieht fortan seine eigne Bahn.
Dann gab es ein Dreitagesfest,
mit Tanzmusik. – Wer ahnt den Rest?

Kurze Pause, dann sprechen alle.

Und wenn wir nicht gestorben sind, dann leben wir noch heute!

ZIRKUS, ZIRKUS

Handlung

Zirkus ist eines der interessantesten und beliebtesten Themen für Kinder. Dieses Stück bietet für individuelle Vorführungen das Handlungsgerüst, das sich je nach dem Geschmack und nach den Fähigkeiten immer wieder anders ausfüllen läßt – ein buntes Zirkustreiben mit vielen verschiedenen Nummern.
Die Zuschauer sitzen bereits im Zirkuszelt und warten darauf, daß die Vorstellung beginnt. Aber der Zirkusdirektor schläft noch. Die drei Clowns „Hose, Knopf und Bindfaden" müssen ihn erst einmal – auf ihre ganz eigene Art – wecken.

Bühne und Zuschauerraum

Die Zirkusarena besteht aus einem nicht ganz geschlossenen Kistenkreis (bemalte Obst- oder Weinkisten).
Im Inneren der Arena können Sie Matten auslegen und mit einem Tuch abdecken. Oder Sie besorgen in einem Sägewerk oder in einer Schreinerei Sägemehl, das Sie in der Manege ausstreuen. Bei einer Kreisgröße von 35 bis 40 Kisten genügen drei Säcke voll, um den Boden zu bedecken. Achtung: Nicht jeder verträgt Sägemehl! Deshalb vor einer Aufführung in geschlossenen Räumen testen, ob die Spieler allergisch reagieren. Das Zelt läßt sich ganz einfach mit geflochtenen Kreppbändern darstellen, die von einem Deckenhaken in der Mitte des Raumes bis zum Boden gespannt und mit Klebeband befestigt werden. Die Zuschauer sitzen auf Stühlen oder auf Bänken im Dreiviertelkreis um die Manege herum. Durch den Hintergrundvorhang (eventuell geschlitzt) kommen die Zirkusleute auf die Bühne.

Kostüme und Requisiten

„Zirkus, Zirkus" ist ein aufwendiges Stück, und eine Aufführung stellt eine „große Unternehmung" dar. Das gilt auch für die Anfertigung der Kostüme. Wenn viele Kinder, aber auch Erwachsene mithelfen, bleibt der Aufwand für jeden einzelnen jedoch überschaubar.

Zirkus, Zirkus

Eine Grundausstattung aus schwarzen Leggings und schwarzen T-Shirts ist sinnvoll. Darüber werden die anderen Kleider getragen.

Der Zirkusdirektor

Er benötigt ein Jackett oder – sofern vorhanden – einen Frack, einen Stock (Spazierstock mit Knauf) und einen Zylinder. Dieser läßt sich nicht gut selber herstellen; deshalb entweder bei Verwandten und Bekannten nachfragen und ausleihen oder auch für etwa 10,– bis 20,– DM (je nach Zustand) in einem Altwarengeschäft kaufen. Zu Beginn des Stücks schläft der Direktor in einem Liegestuhl und trägt ein Nachthemd und eine Schlafmütze (siehe Nähanleitung S. 43).
Übrigens: Wer regelmäßig Theater spielt, sollte sich einen richtigen Hutfundus zulegen: Hüte sind nämlich eine effektvolle und sehr einfache Verkleidung!

Die Frau des Zirkusdirektors

Sie ist eine feine Dame und trägt eine kurze Weste, eine Handtasche mit langem Riemen über der Schulter, und sie hat sich einen großen Sonnenhut aufgesetzt. Sie und auch alle anderen Zirkusspieler sollten geschminkt sein. Sie hat einen großen Wecker, der an einer langen Kordel festgebunden ist.

Die Clowns

Die Clowns tragen große Pluderhosen und Jacken sowie Mützen in Über- oder Untergröße.
Knopf hat einen riesigen Knopf aus bemalter Pappe (Löcher vorstechen!) an seiner Jacke oder am T-Shirt in Bauchhöhe festgenäht.
Hose trägt eine überlange und -große Hose, die ihm bis unter die Achseln reicht.
Der lange *Bindfaden* trägt eine dicke Paketschnur als Schleife um den Bauch. Damit die Schnur gut zu sehen ist, sollte sie rot-weiß bemalt sein und mit etwas Draht versteift werden. So können die Zuschauer die „Fliegenform" der Schleife gut erkennen.

Zirkus, Zirkus

Natürlich dürfen Sie die Clowns auch anders benennen und entsprechend anders kleiden. Vielleicht findet jedes Kind für seinen Clown einen eigenen, unverwechselbaren Namen.
Alle Clowns haben natürlich rote Kunststoffnasen (Abteilung „Faschingsbedarf" in Spielwarenhandlungen). Empfehlenswert ist es, bei den Clowns mit Schminke zurückhaltend zu sein! Dick aufgetragene Schminke verdeckt viel von der Mimik.
Für die *erste Nummer,* das Wecken des Zirkusdirektors, brauchen die Clowns einen Blecheimer, der mit Konfetti gefüllt sein sollte, das die Kinder aus bunten Zeitungsbeilagen rupfen. Außerdem wird eine Decke oder ein dünnes großes Tuch (etwa 1,80 x 1,80 m) benötigt, das als Decke des Direktors dient.
Für die *zweite Nummer* – im Anschluß an die Jongleure – benötigen Knopf und Bindfaden je eine Bratpfanne.
Für ihre *dritte Nummer,* das „Gespenst", brauchen die Clowns die Decke des Zirkusdirektors, einen Picknickkorb, in dem drei Äpfel und drei Pritschen aus Packpapier liegen: Das Papier leicht diagonal so aufwickeln und verkleben, daß ein langer, dicker Stab entsteht. Dann den unteren Überstand abknicken und in das kleine Loch hineinstecken. Mit Klebeband alles umwickeln. Ein Schlag mit einer solchen Pritsche gibt einen ordentlichen Knall – tut aber überhaupt nicht weh!

Zirkus, Zirkus

Für die *Schlußnummer* brauchen die Clowns sehr große, nasse „Taschentücher", die sie sich schon vor dem Auftritt in einer Schüssel bereitlegen. Gemeinsam tragen die Clowns einen großen Überseekoffer oder eine entsprechend dekorierte Pappkiste herein

Der Löwe
Er trägt gelbe oder beigefarbene Leggings und ein dazu passendes langärmeliges T-Shirt. Wer will, kann einen *Löwenschwanz* aus einem braunen, schmalen Stück Stoff, ungefähr 90 cm lang, einen Schlauch nähen und mit roher Wolle oder Füllwatte ausstopfen. Anschließend fertigen die Kinder eine Quaste aus vielen dicken, braunen Wollfäden an, binden sie zusammen und nähen sie am unteren Ende des Stoffschlauches fest. Diesen Schwanz nähen die Kinder nun an der Leggings fest und biegen ihn so zurecht, daß er nach oben steht und in einem Knick endet. Der Löwenspieler darf seine Hände zu Hilfe nehmen, um mit dem Schwanz ordentlich zu peitschen.

Um den *Löwenkopf* herzustellen, gibt es verschiedene Möglichkeiten: Die einfachste ist die, das Gesicht des Spielers entsprechend zu schminken; als Vorlage dient ein Foto eines Löwen. Seine Mähne basteln die Kinder einfach aus vielen Bastfäden, die sie auf gleiche Länge zuschneiden (60–70 cm). Dann legen sie zwei Büschel über Kreuz aufeinander und binden diese in der Mitte mit einer Schnur zusammen. Beide Enden bindet sich der Löwe unter dem Kinn fest – so rutscht die Mähne auch dann nicht gleich vom Kopf, wenn er seine Kunststücke vorführt.

Eine andere einfache Möglichkeit, den Kopf herzustellen, ist die folgende: Schneiden Sie das untere Drittel eines Papptellers halbmondförmig ab, so daß der Mund des Spielers frei ist. Dann bemalen Sie die Rückseite des Tellers mit einem Löwengesicht. Oben an der Innenseite des Papptellers tackern Sie ein gelbes Tuch fest. Es wird danach alle 5 cm so eingeschnitten, daß lange Zotteln entstehen.

Zirkus, Zirkus

Links und rechts am Papptellerrand befestigen
Sie Gummiband, damit die Maske am Kopf des
Spielers festhält.

Der Dompteur
Er hat straff zurückgekämmtes Haar (mit „Wet-
gel"gefügig machen!) und einen kleinen aufgemal-
ten oder angeklebten Schnurrbart. Zusätzlich zu
Leggings und T-Shirt trägt er eine farbige Weste
und Reiterstiefel oder schwarze Gummistiefel.
Um den Bauch trägt der Dompteur eine Schärpe
aus einem einfarbigen Stoff, dessen Enden seitlich
am Körper verknotet werden.
Das wichtigste Requisit ist eine Gerte, an deren
Ende ein 30 cm langer, farbiger Wollfaden mit
einer kleinen Quaste befestigt wird. Schläge mit
dieser Wollgerte tun keinem seiner Tiere weh!
Ein Hula-Hoop- oder ein ähnlicher Kunststoff-
reifen wird für den „Sprung" benötigt.

Die Jongleure
Die Jongleure tragen ebenfalls Schärpen, die seitlich verknotet werden. Diese müssen nicht unbedingt gleichfarbig sein, aber farblich aufeinander
abgestimmt. Zum Jonglieren benötigen sie Tücher
und Bälle (oder Äpfel).
Mit Jongliertüchern ist das Jonglieren am einfachsten. Der Fachhandel bietet sie pro Stück für
etwa 5,– DM in vielen Farben an.
Das Jonglieren mit Bällen bedarf einiger Übung.
Als Vorübung werfen die Kinder mit einer Hand
einen Jonglierball etwa 50 cm hoch und fangen
ihn anschließend mit derselben Hand wieder auf.
Wenn das klappt, kommt die andere Hand an die
Reihe.
Fühlen die Kinder sich dabei schon etwas sicher,
werfen sie den Ball von der einen in die andere
Hand.
Die nächste Stufe ist das wechselseitige Werfen
mit zwei Bällen: von der einen in die andere
Hand. Wer es gut schafft, beide Bälle immer nach-
einander zu fangen, kann sich ans „richtige" Jon-
glieren machen, siehe nächste Seite.

Zirkus, Zirkus

Man nimmt zwei Bälle in die linke Hand und einen in die rechte. Die linke Hand wirft den ersten Ball. Wenn dieser seinen Höhepunkt erreicht hat, wirft die rechte Hand den zweiten Ball und fängt den ersten auf. Die linke Hand wirft nun den dritten Ball und fängt den zweiten und so weiter und so weiter.
Nicht aufgeben! Wer fleißig übt, kann das Jonglieren mit drei Bällen in wenigen Tagen erlernen.

Die Pferde
Für einen *Pferdekörper* braucht jeder Spieler einen Pappkarton, der unten offen ist und dessen Deckel sie verkleben müssen. Dahinein schneidet jeder Spieler ein Loch, das so groß ist, daß er mit seinem Körper gut hindurchpaßt. Dann befestigt er außen an den Kartonwänden je ein breites Band als Trageriemen (am besten festtackern).
Pferdekopf und *-hals* werden auf Pappe vorgezeichnet, ausgeschnitten und anschließend auf beiden Seiten bemalt.
Jeder Reiter bemalt sein Pferd selber und läßt es so zum Rappen, Schimmel, Falben, Fuchs oder Schecken werden. Natürlich darf ein Pferd auch rosa oder grün sein; schließlich sind wir im Zirkus!
Dann schneiden die Kinder vorne in den Pferdekörper einen Schlitz, der so lang und so breit sein muß, daß der Pferdehals hineingesteckt werden kann. Innen im Körper wird der Hals einige Zentimeter weit eingeschnitten, ein Teil nach links

Zirkus, Zirkus

gebogen, das andere nach rechts, und festgeklebt
oder -getackert.

Trense und *Zügel* bestehen aus geflochtenen Wollfäden.

Die *Mähne*, vor allem aber den *Schwanz* fertigen
die Kinder aus aufgerollten Tragetüten (Kunst-
stoff), die sie fein und lang einschneiden und am
Pferd befestigen.

Die Giraffe

Die freche Giraffe wird von zwei Personen gespielt: Das eine Kind ist das Vor-
derteil und trägt den langen Hals mit
dem Kopf der Giraffe, das andere Kind
ist das Hinterteil und hält sich beim vorderen
Spieler fest.

Der lange Hals der Giraffe besteht aus einem
Besen, dessen Stiel in einem Stoffschlauch
steckt (s. Zeichnung) und den das vordere
Kind festhält.

Die Bürste des Besens ist der Kopf der
Giraffe. Zwei als Augen bemalte Tischtennisbälle werden an den Seiten der Bürste festgeklebt. Zwei weitere Tischtennisbälle, gelblich-
braun bemalt, sind die Hörner: Bohren Sie
zwei Löcher in die Bürste, und leimen Sie darin
je einen 15 bis 20 cm langen Holzdübel fest. An
jedem leimen Sie danach die bemalten Bälle
fest.

Die Spieler sind unter einem großen gelben
oder braunen Tuch verborgen, das sie mit
Stoff- oder Seidenmalfarben fleckig als Fell
bemalen. Aus einem zweiten, ebenso bemalten
Stück Stoff nähen Sie einen Schlauch für den
Hals und stecken den Besenstiel hinein.
Schlauch und Tuch vernähen Sie miteinander.

Die Wirkung einer solchen Giraffe läßt sich
noch steigern, indem die beiden Kinder auf
Stelzen gehen. Entsprechende metallene Stelzen, die an den Füßen anzuschnallen sind,
erhalten Sie in Sportgeschäften. Das Stelzen-
laufen an sich ist nicht schwer und kann
schnell gelernt werden.

Zirkus, Zirkus

Die Wärter benötigen für die Giraffennummer ein übergroßes Pappbonbon (Füllwatte in Packpapier eingewickelt), das sie an einem langen Stab mit einer Schnur befestigen.

Die Pinguine
Sie tragen weiße Hosen und weiße T-Shirts, darüber lange, schwarze Jacken, Schwimmflossen an den Füßen und schwarze Badekappen aus Kunst stoff auf dem Kopf.
Die Kinder schminken die Schnäbel: Sie färben ihre Nasenrücken rot und ziehen diesen Streifen bis zu den Lippen hinunter. Ihre Münder schminken die Kinder „weg" (Lippen hautfarben bemalen). Als Requisiten brauchen die Pinguine: einen Blecheimer, einige Apfelsinen oder Bälle in derselben Farbe und silbern schillernde Stoffische – etwa 40 cm lang –, die mit Wolle ausgestopft sind. Wenn die Pinguine schon „fortgeschrittene" Jongleure sind, können sie mit den Fischen jonglieren.

Die Akrobaten
Sie sind wie die Jongleure bekleidet.

Die Tierwärter
Sie tragen über ihrer Grundbekleidung graue Kittel oder lange Jacken.

Spieltips
Im Zirkus sitzt das Publikum rundherum um die Manege. Eine Geste muß deshalb so ausgeführt werden, daß sie von allen Seiten zu sehen ist. Die Clowns teilen ihre Aktionen dem Publikum direkt mit: Ein Clown will zeigen, wie stark er ist. Er geht einmal im Kreis herum, bleibt dabei immer wieder stehen und zeigt dem Publikum sein Muskelspiel. Genauso geschieht es bei Verfolgungsjagd und Picknick oder wenn Stimmungen wie Ärger oder Schadenfreude ausgedrückt werden sollen.

Musik
Trommelwirbel lassen sich auf echten oder improvisierten Trommeln (Waschmittelkartons, Blechdosen) selbst erzeugen. Alle Höhepunkte werden auf diese Weise vorbereitet und unterstützt.

Zirkus, Zirkus

Als Zirkusmusik eignet sich schnelle, wirbelnde Instrumentalmusik – zum Beispiel vom parallel zum Buch erscheinenden Tonträger. Oder Sie entscheiden sich für die Lieder dieses Theaterstücks. Sie passen – instrumental gespielt – gut zu fast allen Zirkusnummern.
Eine klassische Zirkusmusik ist zum Beispiel „Zirkus Renz", als Tonträger im Musikalienhandel erhältlich.

Spieler Zuzüglich zu den Schauspielern benötigen Sie einen Chor, ein Zirkusorchester und einige Bühnenarbeiter.

Rollen

 der Zirkusdirektor

 die Frau des Zirkusdirektors

 Clown Hose

 Clown Knopf

 Clown Bindfaden

 der Löwendompteur

der Löwe

die Jongleure

die Pferdereiter

die Giraffe(n)

die Giraffenwärter

die Pinguine

der Pinguindompteur

die Akrobaten

Zirkus, Zirkus

Die Zirkusleute kommen hereinmarschiert und gehen am Manegenrand entlang, während das Lied gesungen wird.
Der Zirkusdirektor legt sich zwischenzeitlich möglichst unbemerkt in den Liegestuhl (Mitte der Manege) und deckt sich so mit seiner Decke zu, daß auch sein Kopf nicht zu sehen ist.

Der Chor singt das „Zirkuslied".

Noch gestern war die Wiese am Festplatz grün und leer. Da kamen über Nacht die Zirkuswagen her. Es wurde aufgerichtet ein Zelt, groß wie ein Haus. Sie packten ihre sieben Zirkussachen aus. *Fine*

langsamer

Pferde, Löwen, Elefanten, Koffer, Bänke und Girlanden, Schminke und Frisurengel und dazu noch siebzehn Säcke Sägemehl.

D.C. al fine

Zirkus, Zirkus

Die Zirkusleute gehen ab. Nun sehen alle Zuschauer, daß der Direktor schläft: Ihm rutscht die Decke vom Gesicht, und man hört, wie er kräftig schnarcht.

Vorspiel

🕰 *kommt händeringend in die Manege und ruft*

Emil! Emil! Aufwachen, aufwachen!"
Sie schüttelt ihn.

🎩 *mit geschlossenen Augen*
Ich glaube, ich bin eingeschlafen.
Ich war einfach zu müde!
Die ganze Nacht haben wir das Zelt aufgebaut.

🕰 *Sie geht aufgeregt um ihn herum.*
Hach, er hört nichts!
Er hört einfach nichts!

Sie nimmt den Wecker, der an einer Kordel festgebunden ist, zieht ihn auf und läßt ihn über ihrem Mann baumeln. Der Wecker klingelt.

🎩 *Er rennt hinter dem Wecker her, schnappt ihn sich und hält ihn an sein Ohr.*
Falsch verbunden.
Er läßt den Wecker fallen und schläft weiter.

🕰 *Sie wendet sich an das Publikum.*
Alle sitzen auf den Plätzen.
Manche Leute mußten hetzen.

Alles ruft: Fangt an, fangt an!
Einer fehlt nur: dieser Mann!
Sie versucht ihn wachzurütteln.
Aufwachen, aufwachen!

🎩 *spricht im Halbschlaf*
Ha, ich träume!
Daß man mich schüttelt!
Daß man mich wecken will.

🕰 Das träumst du nicht!
Ich schüttle dich wirklich.
Die Vorstellung beginnt!

Da sie ihren Mann nicht wachbekommt, ruft sie die Clowns zu Hilfe.
Jemand muß mir helfen!
Hose, Knopf und Bindfaden!
Weckt den Direktor!

Die Clowns Hose, Knopf und Bindfaden kommen in die Manege: Knopf hält die Jacke des Zirkusdirektors, Hose den zusammengeklappten Zylinder und Bindfaden den Stock. In der anderen Hand trägt Bindfaden den mit Konfetti gefüllten Eimer.

Sie gehen um den schlafenden Direktor herum.

👖 *zum Publikum*
Wir wecken ihn!

🔘 *zum Publikum*
Er wird so wach wie nie.

🧵 *zum Publikum*
Wasser hilft immer!

Zirkus, Zirkus

Knopf und Bindfaden holen mit dem Eimer aus. Hose steht vor ihnen und winkt sie wie ein Fluglotse in die richtige Position ein. Er bemerkt nicht, daß er dabei in der „Schußrichtung" steht.

Und eins!
Und zwei!

 Hose erkennt, daß er gleich naß wird.
Haaaaaalt!

Hose nimmt den Eimer, Bindfaden stellt sich zum Direktor und „dirigiert" seine Kollegen. Dieselbe Situation wie vorher.

Und eins!
Und zwei!

 Bindfaden erkennt, daß er gleich naß wird.
Haaaaaalt!

Sie wechseln wieder die Positionen. Bindfaden nimmt den Eimer, Knopf stellt sich zum Direktor. Dasselbe Spiel wiederholt sich.

Und eins!
Und zwei!
Und – drrr …

 wacht auf
Haaaaaalt!

Zu spät für den Direktor! Knopf ist rechtzeitig den beiden anderen Clowns zu Hilfe gesprungen, und sie schütten den Eimer über dem Zirkusdirektor aus. Dabei bleibt der Eimer auf dessen Kopf.
Wutentbrannt springt der Zirkusdirektor auf; ohne etwas zu sehen: Den Eimer hat er ja noch auf dem Kopf.
Wer war das?

Alle drei Clowns stehen unschuldig nebeneinander, Arme auf dem Rücken und schauen steil nach oben, als gäbe es am Himmel irgend etwas zu sehen.

 Er streckt prüfend den Arm aus.
Es regnet!

 Er streckt auch prüfend den Arm aus.
Es schneit!

 Er streckt ebenfalls prüfend den Arm aus.
Es hagelt Blecheimer!

 Der Zirkusdirektor nimmt den Eimer vom Kopf.
Blecheimer? Hose, Knopf und Bindfaden, euch werd' ich helfen!

Die Clowns flüchten; der Zirkusdirektor verfolgt sie. Es entspinnt sich eine Verfolgungsjagd, die immer im Kreis verläuft. Währenddessen schnappen sich die Clowns Decke und Eimer und stellen sich nebeneinander auf.

Zirkus, Zirkus

 die Clowns fast erreicht, als sie stehenbleiben und hinter ihn deuten.
Halt! Da! Da!

 Der Zirkusdirektor schaut sich verwundert um und vergißt, daß er die Clowns eigentlich bestrafen wollte.
Was ist denn das da?

Sie halten die Decke so vor sich, daß sie nicht mehr zu sehen sind. Der in der Mitte stehende Clown nimmt den Eimer und hält ihn wie einen Kopf über das Tuch. Der linke und der rechte Clown nehmen jeweils den äußeren Arm nach vorne und falten die Hände sichtbar über dem Bauch der so entstandenen großen Gestalt.

Er nähert sich der Gestalt.
Wo sind die Clowns?

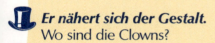 **Die Clowns lassen ihre Verkleidung fallen und zeigen nach vorne.**
Die sind alle da lang!

Der Zirkusdirektor geht ein Stück in die gezeigte Richtung, stutzt und dreht sich dann um.
So, so, da lang!

Eine weitere Runde Verfolgungsjagd setzt ein. Der Direktor hat

Zirkus, Zirkus

🧵 **hält den Stock nach vorn.**
Das Pub-…

🔘 **Er hält die Jacke nach vorn.**
Das li-…

🎩 **Er holt aus seiner Hose den zusammengeklappten Zylinder und hält ihn nach vorn.**
Das kum!

🎩 Na und?

Nun zeigen die Clowns auf das Nachthemd des Direktors. Er erschrickt und duckt sich, damit man möglichst wenig von ihm sieht.

🎩 Ach, du Schreck! Es ist schon da!
Wie peinlich, oh, wie peinlich!
Meine Kleider.

Die Clowns überreichen ihm Jacke, Hut und Stock.

🎩 **Während sich der Direktor anzieht – das Nachthemd stopft er sich in die Leggings – präsentiert er die erste Nummer.**
Macht Platz da, in der ersten Reihe,
und hütet euch vor dem Geschreie!
Denn man sieht sogleich nun hier
ein furchtbar großes, wildes Tier.
Aus dem fernen Afrika –
heut' ist es in (Ortsname) da!

Er will abgehen, wendet sich aber nochmals um.

🎩 Ach, fast hätt' ich's vergessen:
Es hat schon Publikum gefressen!

Zirkus, Zirkus

**Erste Nummer:
Der wilde Löwe**

Zur Musik treten Dompteur und Löwe zusammen auf. Während das Lied gesungen wird, beginnt die Dressur. Der Löwe macht Männchen, springt auf Kisten, droht mit seinen Tatzen ... Immer wieder brüllt er markerschütternd.

Der Chor singt das Lied „Der wilde Löwe".

1. Da ist ein wilder Löwe, der ist noch kaum gezähmt, und seine wilde Mähne hat keiner je gekämmt. Da
2. Da ist ein wilder Löwe, und weiß ist sein Gebiß. Und wen er frißt, verschwindet, ja, soviel ist gewiß.

Refrain:
Da ist ein wilder Löwe, so gelb wie Wüstensand. Das Tier ist höchst gefährlich, das ist ja wohl bekannt! Das ist ja wohl bekannt!

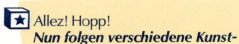 Allez! Hopp!
Nun folgen verschiedene Kunststücke wie von der einen Seite zur anderen springen, noch

Zirkus, Zirkus

mehr Männchen zu machen …
Dazu ertönen immer wieder
Trommelwirbel.
Der Höhepunkt ist das Kunst-
stück, bei dem der Löwe einen
Reifen zwischen den Zähnen hält
– er darf die Pranken zu Hilfe
nehmen – und der Dompteur
eine Flugrolle durch den Reifen
in Richtung Ausgang macht.
Der Löwe verbeugt sich grazil
und verläßt aufrecht gehend wie
ein Torero die Manege.

Der Direktor tritt wieder auf,
seine Frau folgt ihm, um ihm das
Jackett zu bürsten. Der Direktor
läßt es sich unwillig gefallen.

 kündigt die nächste Nummer an:
Meine Damen, meine Herren,
seht als nächstes den Jongleuren
beim Werfen ihrer Bälle zu.
Ohne Rast und ohne Ruh'
sind die Bälle in der Luft,
schnuppern dort den Zirkusduft.

Zweite Nummer: Die Jongleure

Zur Musik kommen die Jongleure hereingelaufen. Es folgen
verschiedene Jongliertricks mit
Tüchern, Äpfeln und mit Bällen.
Während des Schlußapplauses –
die Bälle werden in die Luft ge-
worfen – betreten die Clowns
die Bühne. Clown Hose versucht,
die Bälle mit seiner Hose aufzu-
fangen, die er in Brusthöhe nach
vorne zieht. Die beiden anderen
Clowns bemühen sich, diese mit
ihren Bratpfannen zu fangen.
Alle gehen ab.

 Der Zirkusdirektor tritt auf.
Araber und Lipizzaner,
Pintos und Hannoveraner,
Friesen, Mustangs und Trapane –
Pferde allererster Sahne.
Staunt und schaut und bewundert
nur unsere Wildpferde-Dressur!

Dritte Nummer: Pferdedressur

Zur Musik tanzen die Pferde mit
ihren Reitern herein und bilden
Formationen – etwa in einer Reihe stehen, sich langsam so drehen, daß die gerade Linie aus
Pferden bestehenbleibt; sich um
die eigene Achse drehen …
Ein kleineres Pferd ist besonders
frech und macht immer alles ganz
anders als die anderen.
Schlußapplaus – die Pferde machen ihren „Dankeschön-Kratz-
fuß". Wenn sie hinausreiten, kann
das kleine Pferd – wenn man
will – noch ein paar Pferdeäpfel
(Jonglierbälle) fallen lassen. Diese
hält der Reiter innen im Kasten in
einer Hand und läßt sie fallen.
Dazu muß er den Pferdekörper
am Hinterteil ein wenig mit der
anderen Hand anheben.

Zirkus, Zirkus

Vierte Nummer:
Die Clowns und das Gespenst

Die Clowns treten auf. Hose trägt den Picknickkorb, Knopf hält die Decke überm Arm. Sie gehen bis in die Mitte der Manege und halten Ausschau nach einem schönen Picknickplatz.

freudig
Picknick!

Sie haben einen Platz gefunden. Knopf breitet die Decke aus; die beiden anderen, die links und rechts von ihm stehen, wollen sich setzen. Da zieht Knopf es ihnen blitzschnell unter ihren Hinterteilen weg – er glaubt, er hätte einen besseren Platz entdeckt. Die beiden Clowns plumpsen auf den „nackten" Boden – der Picknickkorb schwankt hin und her.

 weist auf den neuen Platz
Picknick!

Die beiden anderen kommen nach. Es geschieht dasselbe wie zuvor: Als sie sich setzen wollen, zieht Knopf ihnen wieder die Decke weg, und sie fallen auf den „nackten" Boden.

 Er weist wieder auf einen Platz.
Picknick!

Die beiden anderen kommen nach. Nun macht es sich Bindfaden aber gleich auf dem Boden gemütlich. Knopf und Hose schauen sich in der schönen Gegend um.

Knopf breitet die Decke über Bindfaden aus, ohne das zu bemerken.

 Wo ist Bindfaden?

 Gerade war er noch da!

Sie rufen ihn.

 Bindfaden!

 Bindfaden!

 Bindfaden!

 mit tönerner Stimme
Hier bin ich!

Zirkus, Zirkus

Hose und Knopf erschrecken, wenn Bindfaden sich mit der Decke über dem Kopf vor sie hinstellt. Sie glauben, daß ein Gespenst vor ihnen steht und flüchten schreiend.

  Ein Gespenst!

Bindfaden erschrickt ebenfalls, wirft die Decke von sich und rennt hinter den anderen beiden her. Sie verharren, halten aneinander fest und zittern.

 *zitternd*
Da bist du ja!

 zitternd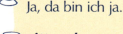
Ja, da bin ich ja.

 zitternd
Wir müssen dem Gespenst eins auswischen!

Sie nehmen sich die Pritschen aus dem Picknickkorb.

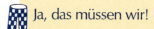 Ja, das müssen wir!

Achtung, fertig, los!

Sie stürzen sich auf die Decke und dreschen darauf ein. Natürlich bleibt die Decke regungslos liegen.

Das rührt sich nicht mehr!

 Schlapp, wie ein Stück Stoff!

Und wenn es sich nochmal rührt, kriegt es wieder Hiebe!

Die Clowns klopfen einander triumphierend auf ihre Rücken.

Von den dreien unbemerkt kommt der Zirkusdirektor in die Manege, da er nach seiner Decke sucht.

Meine Decke, da ist sie ja!

Er nimmt die Decke, schüttelt sie aus, um sie danach zusammenzufalten. Dabei gerät die Decke versehentlich über seinen Kopf.

Die Clowns meinen, nun wieder das Gespenst zu sehen.

Da ist es wieder!

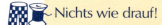 Nichts wie drauf!

Sie stürzen sich auf den noch vermummten Direktor und bearbeiten ihn mit ihren Pritschen.

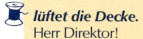 Auaauauaua! Aufhören! Sofort aufhören!

Die Clowns halten inne.

lüftet die Decke.
Herr Direktor!

Wo ist denn das Gespenst?

 Grade war es noch da!

Zirkus, Zirkus

🎩 *grollend*
Na, wartet!

Die Verfolgungsjagd, die nun beginnt, kann bei ausreichendem Platz auch durchs Publikum führen. Schließlich verschwinden die Clowns hinterm Vorhang.

🎩 **Der Direktor hält sich vor Seitenstechen und Atemnot den Bauch.**
Mit den turmhohen Giraffen
hat man leider viel zu schaffen.
Leider sind sie kaum zu zähmen,
und drum sollten sie sich schämen.
Erstens kann man sie nicht fangen:
Man kann nicht zum Hals gelangen,
zweitens folgen sie nicht gern:
Ihre Ohren sind zu fern.

Fünfte Nummer:
Die ungezähmte Giraffe

Die Giraffe schreitet durch den Vorhang in die Manege. Zwei Wärter laufen ihr hinterher und versuchen, sie zu erwischen. Die Giraffe streckt ihren Kopf weit in den Zuschauerraum. Was sucht sie? Zucker!

Die beiden Wärter stoßen immer wieder zusammen und fallen dabei um. Schließlich befestigen sie an einem langen Stab ein übergroßes Pappbonbon.
Nun folgt die Giraffe voller Gier.
Sie ist eben ein richtiger Gier-Affe. Alle gehen ab.

🎩 **Der Zirkusdirektor tritt auf.**
Reichlich reizend und sehr nett
ist das Pinguinballett.
Diese Tieren haben süße,
schwarze Pinguinenfüße.
Und sie tanzen ungeniert,
    von einem Dompteur dirigiert.
Geht ab.

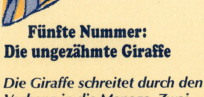

Zirkus, Zirkus

**Sechste Nummer:
Das Pinguinballett**

*Hinter dem Dompteur watschelt
das Pinguinballett in die Manege.*

*Die Pinguine schnattern ein
Lied. Zum ersten Teil werfen sie
mit Apfelsinen, zum zweiten Teil
mit Fischen.
Der Chor singt das Lied
„Die Pinguine"*

Zirkus, Zirkus

Nach der ersten Strophe werfen die Pinguine ihre Apfelsinen beiseite und nehmen sich aus dem mitgebrachten Eimer Fische heraus. Während der zweiten Strophe fliegen die Fische in die Höhe und werden wieder aufgefangen.

Anschließend sucht sich jeder Pinguin einen Partner, und sie werfen einander Fische zu. Dann nimmt der kleinste Pinguin den Eimer und fordert die anderen auf, dort hineinzutreffen. Alle Pinguine versuchen es; daneben fallende Fische hebt der Kleine einfach auf.

Dann watschelt der kleine Pinguin mit seiner Beute davon. Die anderen verfolgen ihn empört. Der Direktor kommt mit seinem Zylinder in der Hand durch den Vorhang. Der kleine Pinguin wirft – vom Direktor unbemerkt – einen Fisch in den Zylinder. Nach einer Verbeugung setzt der Direktor den Zylinder auf. – Da es auf einmal seltsam riecht, schnüffelt er während der nächsten Ansage.

 näselnd
Viele werden schon drauf warten –
auf die Zirkusakrobaten!
Was ich euch sonst sagen muß:
Sie sind Höhepunkt und Schluß!

Siebte Nummer: Die Akrobaten

Die Akrobaten kommen mit Flugrollen und Purzelbäumen in die Manege. Sie bauen eine Menschenpyramide, machen Handstand auf den Füßen eines Partners und „gehen" so ein Stück weit. Schließlich verbeugen sie sich. Dann gehen sie ab.

 Der Zirkusdirektor kommt wieder in die Manege.
Tiere, Clowns habt ihr gesehen!
Doch nun wird es Zeit zu gehen.
Weil ein Zirkus wandern muß,
war dies Höhepunkt und Schluß.
Morgen sind wir in Berlin
dann in Paris, danach in Wien.

Der Direktor lüftet den Hut, dabei fällt – von ihm unbemerkt – der Fisch aus dem Zylinder.

Zirkus, Zirkus

Zum Schlußlied – es ist die Melodie „Zirkuslied" – kommen alle Teilnehmer in einer Art Abschiedspolonnaise in die Manege. Sie gehen hintereinander her, winken ins Publikum, und sie transportieren ihre Requisiten.
Mit dabei sind auch die Giraffe und die Pinguine.

Zum Ende des Liedes gehen alle bis auf die Clowns ab. Sie setzen sich auf den großen Koffer und schauen einander stumm an. Die drei Clowns bleiben noch auf dem Koffer sitzen und heulen und jammern fürchterlich in ihre großen Taschentücher. Dann stehen sie auf, gehen umher und wringen die Tücher aus, daß das

Zirkus, Zirkus

Tränenwasser nur so auf den Boden tropft.

Da finden die Clowns den Fisch auf dem Boden. Jeder nimmt ihn einmal auf den Arm, streichelt ihn, und dann winken sie mit ihm zum Abschied.
Auf Wiedersehen!

Der Zirkusdirektor tritt noch einmal mit seiner Picknickdecke *in der Hand auf und ruft die Clowns herbei.*
Kommt jetzt!

erschrocken
Aaaaaaa! Das Zirkusgespenst!

Die Clowns stolpern vor Schreck rückwärts über den Koffer, fallen hin, stehen wieder auf und rennen mit ihrem Koffer davon.

STERNENGESCHICHTE

Handlung   Ein kleiner Stern fällt auf die Erde, als er beim Schnuppenfangen ausrutscht. Der Nachtwächter findet ihn. Einige Bürger der Stadt überlegen gemeinsam, wie sie dem kleinen Stern helfen können, damit er wieder zurück an den Himmel kommt. Und wer kennt sich in solchen praktischen Fragen am besten aus?
Natürlich Frau Kimmerle-Hoppe!

Bühne   Für dieses Spiel benötigen Sie einen dunkelblauen oder schwarzen Hintergrundvorhang. Er wird immer dort eingeschlitzt, wo die Kinder mit ihren Strahlenkronen als Sterne herausschauen sollen. Die Spieler stehen hinter dem Vorhang auf verschieden hohen Stühlen, Tischen und Bockleitern. Ein Platz am Himmel (ein Vorhangschlitz) bleibt ausgespart, denn dort soll am Ende des Stückes der heruntergefallene Stern leuchten.
Hinter der Bühne stehen Milchflaschen, Butterfässer und Quarkschüsseln bereit, alle am besten in Weiß. Statt der Lebensmittel enthalten die Gefäße dünne, weiße Stoffe, die die Milchstraße darstellen.
Aus bemalten Obstkisten stellen die Kinder eine Stadtsilhouette her. Da und dort werden Spalten als Fenster ausgespart. Wenn Sie wollen, können Sie kleine Vorhänge nähen, über Besenstiele hängen und in die Fenster hängen.

42

Sternengeschichte

Kostüme und Requisiten

Die Sterne
Sie tragen dunkle Kleidung.
Die Sternenkronen basteln die Kinder aus Pappe, die sie zum Schluß mit Silber- oder mit Goldfolie bekleben und an den Seiten mit einem Gummi versehen, das unterm Kinn hält.
Den heruntergefallenen Stern erkennen die Zuschauer daran, daß seine Krone etwas verbeult ist.

Der Nachtwächter
Er hat einen langen Mantel an, er trägt einen Schlapphut und hält in der einen Hand eine Holzstange und in der anderen Hand eine Laterne. Entsprechende Petroleumlampen gibt es in „Trödelläden". In einer Manteltasche hat er einen Wecker.

Die Bürger
Bis auf den *Bürgermeister,* der in Alltagskleidung auftritt, tragen alle anderen Schlafanzüge, Nachthemden und vielleicht auch Schlafmützen. Alle bringen Kerzenhalter mit – die Kerzen müssen nicht unbedingt brennen – oder kleine Taschenlampen.

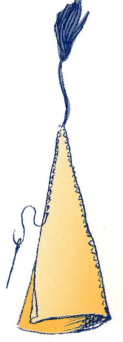

Die Schlafmützen fertigen Sie aus weißem Jerseystoff als Zipfelmützen an: Zwei spitz zulaufende Stoffdreiecke werden an den langen Kanten mit Zickzackstichen vernäht und danach gewendet. In den unteren Teil arbeiten Sie ein breites Gummi ein, damit die Mütze nicht vom Kopf rutscht. Am Zipfel können Sie eine kurze Schnur mit einer Quaste festnähen, die dann lustig herumhüpft, wenn sich der Spieler bewegt.
Der *Goldschmied* bringt seine Lupe sowie eine Zange mit.
Der *Wirt* kommt mit einem großen Kochtopf und mit einem langen Kochlöffel.
Der *Apotheker* hat einen Erste-Hilfe-Koffer dabei.
Der *Bürgermeister* bringt ein aufgerolltes Anmeldeformular mit.

Sternengeschichte

Beleuchtung und Farben

In diesem Theaterstück gibt es nur wenige Farben, denn in der Nacht lassen sich ja nur Hell und Dunkel voneinander unterscheiden, nicht aber Farben. Also: schwarzer oder dunkelblauer Nachthimmel, ein dunkler Mantel für den Nachtwächter, weiße Nachtgewänder für die Bewohner der Stadt, glänzende Kronen (aus Metallpapier) für die Sterne.

Wenn Sie eine Beleuchtungsanlage zur Verfügung haben, dann können Sie sich zusätzlich blaue Filtereinsätze besorgen und die Szenerie in nächtliches Licht tauchen. Eine ähnliche Wirkung erhalten Sie jedoch auch, wenn Sie den Lichtstärkengesamtregler („Summenregler") auf 50 % einstellen.

Spieltip

Die Bürger und der kleine Stern halten sich so lange hinter den Gebäuden versteckt, bis sie auftreten. Sehr effektvoll ist es, ein kleines Kistengebäude einstürzen zu lassen, wenn der kleine Stern im Spiel vom Himmel herunterplumpst. Natürlich fällt der Spieler nicht richtig, sein Absturz ist nicht zu sehen!

Die Zuschauer hören Flötentöne und zudem gibt der kleine Stern, der hinter dem Kistengebäude sitzt, diesem Haus einen Schubs, so daß es mit viel Krach zusammenfällt. Durch beide Geräusche entsteht der Eindruck, als wäre der Stern zu Boden gefallen und hätte dabei ein Haus zum Einsturz gebracht.

Manche Kinder schaffen es nicht, das ganze Stück über als Sterne am Himmel zu verharren. Deshalb dürfen sie zwischendurch hinter dem Vorhang verschwinden. Sie sind nur am Anfang des Stückes zu sehen, während des Lieds, das sie als Chor begleiten, und am Ende des Spiels.

Wenn Sie nicht genügend Spieler haben, können Sie auf die Sternenspieler verzichten – der Vorhang wird dann mit Goldfoliensternen dekoriert – und auch auf einige Bürger; unverzichtbar sind der Nachtwächter, der Bürgermeister und Frau Kimmerle-Hoppe. Streichen Sie in diesem Falle einfach die Texte der nicht vorkommenden Perso-

Sternengeschichte

nen. Dadurch wird das Spiel natürlich auch viel kürzer.

Musik Für zarte, „sphärische" Klänge nehmen die Kinder Instrumente wie Triangeln, Zimbeln oder Glockenspiel.
Die Glockenschläge der Kirchturmuhr werden mit dem Gong geschlagen, oder der Musiker nimmt statt dessen einen Kochtopfdeckel und einen weichen Schlegel.
Ein besonders schöner Klang für das „Aufsteigen" des Sterns ist die Glasharfe. Dazu nimmt der Musiker ein dünnwandiges Weinglas und füllt es mit Wasser. Dann befeuchtet er einen Finger und fährt langsam am Rand des Glases entlang, bis es zu klingen beginnt.
Den Refrain des Nachtwächterliedes singen alle Kinder, und es klingt besonders schön, wenn es mit Glockenspiel oder Xylophon begleitet wird.

Spieler Zuzüglich zu den Schauspielern benötigen Sie einen Chor (mindestens drei Kinder als Sterne verkleidet) und ein Orchester.

Rollen   der Nachtwächter

 der heruntergefallene Stern

 der Apotheker

 der Goldschmied

 der Bürgermeister

 der Wirt

Frau Kimmerle-Hoppe

Sternengeschichte

Der Nachtwächter tritt auf und singt das Nachtwächterlied. Bei „zwei schlägt die Uhr", „drei schlägt die Uhr" … „sechs schlägt die Uhr" ertönt entsprechend oft der Gong.

1. Zwei schlägt die Uhr, zwei schlägt sie nur. Zwei, lie-be Leut', zwei heißt die Zeit. Stun-de um Stun-de dreh' ich mei-ne Run-de: vom Rat-haus zur Post - bei Hit-ze und Frost. Das ist mei-ne Sa-che, daß ich im-mer wa-che. Dort o-ben die Ster-ne, vor mir die La-ter-ne.
2. Drei schlägt die Uhr, drei schlägt sie nur. Drei, lie-be Leut', drei heißt die Zeit.

*) (Anzahl der Schläge je nach Uhrzeit)

 Plötzlich hört man ein Pfeifen und dann ein gewaltiges Poltern: Ein Kistenturm fällt um. Dahinter sitzt nun ein kleiner Stern, der sich ein bißchen weh getan hat und sich deshalb den Rücken reibt.

Der Nachtwächter ist sehr erschrocken. Vier Schläge vom Kirchturm.
Nanu?
Wer sitzt hier so verlassen?

Was ist denn nur mit dir?
Hast du denn kein Zuhause?
Es ist doch schon nach vier!

 Ich … Ich bin …

 … alleine. Das seh' ich.
Da kenn' ich mich aus!
Sag mir, wo wohnst du?
Ich bring' dich nach Haus.

 Das ist nicht so einfach.
Ich wohne nicht hier.

Sternengeschichte

Mein Platz ist am Himmel
Das ist mein Revier.

Am Himmel? Oh, Himmel!
Da wohnt man doch nicht.
Da wohnen die Sterne,
Mond, Sonne und Licht.

rappelt sich auf
Ich bin ein tiefgefallner Stern.
Zu mir nach Haus ist's weit.
Ich bin leider ausgerutscht
beim Schnuppenfangen heut.

staunend
Jetzt seh' ich auch die Strahlen.
Jetzt glaub' ich's dir auch gern.
Kommt alle aus den Betten!
Hier ist ein kleiner Stern!

Aus den Fensternischen schauen verschiedene Bürger der Stadt heraus: der Goldschmied, der Wirt und der Apotheker.

Ein echter Stern ist in der Stadt.
Den will ich mir besehen.
Man sieht sie sonst nur weit entfernt
am Himmel oben stehen.

Er kommt aus dem Haus und bringt eine Lupe und eine Zange mit. Er winkt den Nachtwächter zu sich, damit dieser ihm mit dem Strahl der Laterne leuchtet.

Dann besieht der Goldschmied
sich den Stern und will ihm mit
der Zange eine Zacke abzwacken.
Das ist ja goldig, eieiei!
Dies Zäcklein hätt' ich gern.
Dann male ich mir ein Plakat:
„Hier Schmuck aus einem Stern".

Doch bevor der Goldschmied sich ans Werk machen kann, schiebt ihn der Wirt beiseite.

Er hat einen großen Topf und einen Löffel mitgebracht.
Hunger wird er sicher haben
nach der langen Reise.
Ich bring' ihm gutes Sauerkraut,
das ist die Landesspeise.

Er will dem Stern den Topf und den Löffel geben, doch der Apotheker schiebt ihn beiseite.

Der Apotheker hat seinen Erste-Hilfe-Koffer dabei.
Ich nehme an, er ist gestürzt,
das machen Sterne häufig.
Das Phänomen ist uns bekannt –
als Meteor geläufig.

Aus dem Koffer nimmt er einen Verband heraus und wickelt ihn dem Stern um die Zacken.

Sternengeschichte

 Nun kommt der Bürgermeister herbeigeschritten. Er hält eine Rolle Papier, das Anmeldeformular, in der Hand.
So ein Aufruhr, was ist los?
Bei wem ist er gemeldet?
Nachtwächter, du haftest mir,
daß der da nicht hier zeltet.

 Alles klar, Herr Bürgermeister!
Das wird nicht geschehen.
Der Stern will nämlich gleich zurück,
und ich kann's auch verstehen.

 Die Sonne merkt's, wenn einer fehlt.
Da wird sie ziemlich sauer.
Versteckt sich dann zehn Tage lang
und schickt nur Regenschauer.

 Das kann doch jedem mal geschehn,
daß er vom Himmel fällt.
Es ist nichts Schlimmeres passiert:
Gesundheit ist's, was zählt.

Der Apotheker klebt den Verband nun so mit Pflaster fest, daß er sich nicht mehr lösen kann.

 Die resolute Frau Kimmerle-Hoppe kommt hinzu; sie hat die letzten Worte noch gehört.
Meine Wäsche braucht heut Sonne!
Sie hängt schon an der Leine.
Wir baun ihm eine Milchstraße.
Probleme seh' ich keine.

 jubelt
Juchu! Dann komm' ich wieder heim!
Seht ihr die dunkle Stelle?
Er zeigt auf eine Stelle am Himmel.
Baut mir die Straße bis dorthin,
dann wird sie wieder helle.

 Bringt alles, was ihr habt an Milch,
auf unsren Marktplatz raus.
Es geht auch Quark und Sauerrahm,
dann kommt der Stern nach Haus.

Bis auf den Bürgermeister gehen alle zu ihren Häusern. Es schlägt fünf Uhr.

 Der Bürgermeister hält Frau Kimmerle-Hoppe zurück.
Verehrte Frau, so geht das nicht!
Ich schätze Sie ja sehr.
Doch Milch auf diesem Marktplatz
behindert den Verkehr!

 Im Gegenteil, Herr Bürgermeister,
das ist doch die Erfindung!
Die Milchstraße, die brauchen wir
als Himmel-Erd-Verbindung.

Die anderen kommen zurück und bringen Schüsseln, Flaschen und Schalen. Sie öffnen diese und ziehen weiße Stoffe heraus.

 Milch und Quark und Sauerrahm
ist mir nicht recht vertraut.
Ich find' es fehlt ein großes Faß
mit frischem Sauerkraut.

Sternengeschichte

Der Wirt stellt seinen Kochtopf noch dazu. Dann bauen alle eine Straße: Ein Stück weit den Boden entlang, dann eine Bockleiter hinauf, immer weiter himmelwärts, so daß der Stern hinter dem Vorhang verschwinden kann.

Er wendet sich an den Stern.
Nun ist die Milchstraße komplett, jetzt kannst du wieder gehen. Wir warten, bis wir dich vor Ort am Himmel droben sehen.

Ein feiner Klang ist zu hören, beispielsweise von einer Glasharfe. Der Stern geht auf den weißen Stoffen entlang, öffnet einen Spalt im Vorhang, um hindurchzuschlüpfen, oder er verschwindet an einer Seite hinterm Vorhang. Bald danach streckt er seinen Kopf durch einen Schlitz im Vorhang.

Er ist am Platz, das wär' geschafft. Jetzt kann die Sonne scheinen. Das war ein echtes Weltproblem, doch nur eins von den kleinen.
Sie verabschieden sich fröhlich voneinander, gähnen und gehen davon.

Nun schlägt es sechs Uhr, der Nachtwächter beginnt zu singen.

Sechs schlägt es nun, was ist zu tun? Nun ist es Zeit: Auf-stehn, ihr Leut':
Sechs schlägt es nun, was ist zu tun? Nun ist es Zeit: Auf steh'n, ihr Leut':

Der Nachtwächter nimmt einen Wecker aus seiner Tasche, zieht ihn auf und läßt ihn klingeln.

gesprochen
Heut Nacht war's wirklich nett, doch jetzt geh' ich ins Bett. Und nach dem Tageslauf – wach' ich wieder auf.

DIE ÜBERRASCHUNGSKISTE

Handlung

Dieses Stück spielt in einer klirrend kalten Winternacht. Der Hund hat als einziger eine warme Hütte. Nach und nach kommen fünf verschiedene Tiere, die keine Bleibe haben, zu ihm. Jedes Tier bringt etwas Besonderes mit. So wird es immer enger in der Hütte – schließlich kommt auch noch der dicke Bär dazu. Und er hat eine große Kiste dabei – eine richtige Überraschungskiste!

Bühne

Aus zusammengestellten und zusammengenagelten Obstkisten entsteht eine Bretterkistenhütte, die zentral auf der Bühne steht. Spielen die Kinder ebenerdig, so ist es bei diesem Stück sinnvoll, wenn die Hütte etwas erhöht ist. Sonst können die Zuschauer nur Kopf und Hals der Schauspieler sehen, die in der Hütte sitzen.

Stellen Sie aus Weinkisten oder Paletten einen Unterbau her, nageln Sie darauf Bretter fest, und errichten Sie die Hütte.

Die Hütte ist zwar eine zugige Behausung – mit Ritzen und Spalten überall –, aber die Tiere finden sie trotzdem gemütlich.

Die Hütte hat die ungefähren Innenmaße 1,50 m Höhe, 1,50 m Breite und 1,50 m Tiefe. Die vordere Hüttenwand, die zum Zuschauer zeigt, bleibt offen. Für die Tür – in der rechten Wand – sparen Sie unbedingt so viel Platz aus, daß die große Überraschungskiste hindurchpaßt. Das Türblatt wird durch einen Vorhang dargestellt: Sie vernähen die obere Kante zu einem so breiten Schlauch, daß Sie einen Besenstiel – auf passende Länge abgesägt – hineinstecken können. Diesen befestigen Sie anschließend mit Nägeln oder mit einem Seil an den Obstkisten.

In der Hütte befindet sich eine einzige Weinkiste. Sie ist gleichzeitig Tisch, Stuhl und Bett für den Hund. Jeder Neuankömmling kommt von der rechten Seite und klopft an die Tür – genauer gesagt an eine Obstkiste neben der Tür – und bittet danach um Einlaß. Dann betritt er die Hütte, und dort geht das Spiel weiter.

Die Überraschungskiste

Wer das Stück zu Hause spielen möchte und nicht genügend Platz oder Kisten zur Verfügung hat, kann die Hütte auch mit einem Tisch darstellen. Er wird so nach hinten gekippt, auf den Boden gelegt, daß die Tischbeine flach auf dem Boden liegen. Die Platte ist die Rückwand der Hütte. Dann wird der Tisch mit einem großen Tuch zugedeckt. Auch hier bleibt die Vorderseite offen, jedoch hat sie nun auch die Funktion der Tür.

Kostüme und Masken

Auch für dieses Stück sind Leggings und T-Shirts die geeignete Kostümierung.

Als Masken eignen sich sogenannte Papptellermasken. Etwa ein Drittel des Tellers schneiden die Kinder ab, damit später der Mund von der Maske unbedeckt bleibt und sie frei sprechen können. Links und rechts an jedem Tellerrand wird Gummiband befestigt.

Dann bemalen sie die Pappteller und heben jeweils das Hauptmerkmal eines Tieres besonders hervor: Schlappohren für den *Hund* werden aus Stoff zugeschnitten und oben an der Papptellermaske festgeklebt.

Die kleinen spitzen „Ohren" für das *Käuzchen* stellen sie aus Federn her, die ebenfalls an der Pappmaske festgeklebt werden.

Dem *Papagei* stellen die Kinder einen schönen großen Schnabel aus Karton her, den sie durch einen Schlitz im Pappteller führen und an der Innenseite der Maske festmachen.

Das *Schwein* bekommt einen recht großen Rüssel, dessen Nasenlöcher gut zu sehen sein sollen. Die Ohren entstehen aus rosa Stoff. Falten Sie diese, und tackern Sie sie so fest, daß sie stehen bleiben.

Der *Katze* werden lange Schnurrhaare aus Bast angeklebt.

Die Überraschungskiste

Requisiten Das *Schwein* bringt ein Daumenkino mit; das kann ein kleiner Notizblock sein. Die *Katze* hat eine Taschenlampe dabei, der *Igel* einen Zahnstocher, das *Käuzchen* einen Lutscher und der *Papagei* ein Jojo.
Sie können sich zusammen mit den Kindern aber auch andere „Mitbringsel" der Tiere überlegen. Wichtig ist nur, daß die Zuschauer die Requisiten gut sehen können. Deshalb sind sie größer als in Wirklichkeit. Als Zahnstocher nehmen Sie zum Beispiel einen Schaschlikspieß; das Jojo hat einen Durchmesser von mindestens 10 cm, der Lutscher hat Handtellergröße.
Der *Bär* kommt mit seiner großen Überraschungskiste: ein Pappkarton (mit Deckel), der so groß ist, daß er gerade noch durch die Hüttentür paßt.

Musik Die „Überraschungskiste" ist ein Stück, das hauptsächlich aus Musik und Gesang besteht.
Es ist deshalb wichtig, daß Sie oder ein anderer Erwachsener das Spiel auf dem Klavier oder mit Gitarre begleiten. Oder Sie nehmen auch hier die Begleitkassette für ein „Playbackverfahren".
Um den eisigen Wind mit einem Instrument nachzuahmen, können Sie ein „Schwirrholz" anfertigen. Bohren Sie in die schmale Seite eines ovalen Holzstücks (circa 20 cm lang und 0,5–1 cm dick) oben ein Loch. Darin befestigen Sie das eine Ende einer Schnur (etwa 1,00–1,50 m lang). Das andere Ende hält das Kind fest und schwingt um das Holz kreisförmig durch die Luft. Je nach Schnurlänge und Drehgeschwindigkeit ist das Surren höher und tiefer.
Allerdings braucht der Spieler viel Platz zum Schwingen, um niemanden mit dem Schwirrholz zu verletzen.
Das Schwirrholz wird immer nur zwischen den Strophen eingesetzt, denn während des Chorgesangs wäre es kaum zu hören.
Möglich ist es aber auch, daß der Chor das Heulen des Windes „vokal" nachmacht und mit viel Luft fast tonlos pfeift.

Die Überraschungskiste

Eine Rhythmusgruppe mit Rumba-rasseln, Chicken-eggs (sandgefüllte Kunststoffeier) und mit Kochtopf-deckeln und Holzlöffeln ausgestattet, begleitet das Spiel.
Ein weiteres Instrument, „Bones" (englisch: Knochen), besteht aus zwei Eßlöffeln: Dazu hält das Kind die Löffel so übereinander, daß die runden Flächen auf-einanderliegen. Dann steckt es den Zeigefinger zwischen die beiden Löffelgriffe; der Daumen derselben Hand liegt auf dem oberen Griff. Die restlichen Finger sind unter dem zweiten Löffelgriff. Jetzt hält das Kind das „Instrument" locker und klopft damit auf seine Schenkel. Die andere Hand ist der Widerpart ober-halb der „Bones".
Wenn das Kind nun schnell von oben nach unten schlägt, ent-steht ein Klappergeräusch, das sehr laut und kräftig klingt.

Spieler Zuzüglich zu den Schauspielern benötigen Sie einen Chor und ein Orchester.

Rollen  der Hund

 das Schwein

 die Katze

 der Igel

das Käuzchen

der Papagei

 der Bär

Die Überraschungskiste

Der Chor singt die erste Strophe des Lieds „Bitte, mach die Tür zu!"

Während der letzten Takte betritt das Schwein die Bühne

langsam

Der Hund sitzt froh in seinem Haus und schaut grad' mal zum Fenster raus. Er denkt sich nur: Hier ist es fein, viel besser als da draußen sein. Denn: gesprochen: Huuu, da ist es kalt!

Refrain:
schneller ♪ = ♪

Und ich lass' die Türe zu! Und ich lass' die Türe zu! Draußen weht ein kalter Wind, und wo die kalten Winde sind, da läßt man besser seine Türe zu, sonst hat man vor der Kälte keine Ruh.

Der Chor singt die zweite Strophe
2. Da sitzt er so gemütlich hier, da klopft es plötzlich an die Tür.

Draußen steht ein kleines Schwein, das muß schon halb erfroren sein.

Die Überraschungskiste

🐷 **Es spricht zähneklappernd.**
Draußen ist so kalte Nacht.
Und ich hab' auch was mitgebracht!

🐶 Was denn?

🐷 Ein Daumenkino!

🐶 Ein Daumenkino, sagenhaft!
Das schauen wir zusammen an.

**Der Hund singt den Refrain;
dieser wird zu den Strophen
2 bis 4 gesungen.**
Bitte, mach die Türe zu.
Bitte, mach die Türe zu.
Draußen weht ein kalter Wind,
und wenn dort kalte Winde sind,
da läßt man besser seine Türe zu,
sonst hat man vor der Kälte keine Ruh!

🎵 **Der Chor singt die dritte Strophe.**
3. Da sitzen sie zusammen hier,

da klopft es wieder an die Tür.
Der Hund schaut schnell zur Tür hinaus:
Das sieht wie 'ne Katze aus!

🐶 **Er spricht die Katze an.**
Also gut, du Katze, komm ins Haus.

🐱 **freundlich**
Draußen ist so kalte Nacht.
Und ich hab' auch was mitgebracht!

🐶🐷 Was denn?

🐱 Eine Taschenlampe. Leider ohne Batterie!

🐷 Eine Taschenlampe ohne Batterie!
Die nehmen wir als Kerzenhalter!

🐶 **Sie singen den Refrain.**
Bitte, mach die Türe zu …

🎵 **Der Chor singt die vierte Strophe.**
4. Da kommen ja noch mehr herein:

Die Überraschungskiste

ein Igel mit 'nem Hinkebein,
ein Käuzchen und ein Papagei;
jeder hat was mit dabei.

Also kommt herein, ihr drei.

Draußen ist so kalte Nacht.
Wir haben auch was mitgebracht!

Hier ist ein Zahnstocher!

Es nimmt den Lutscher aus dem Mund.
Und ein Lutscher, kaum benützt!

Ich heiß Jo und hab' ein Jojo!

Alle singen den Refrain.
Sie wenden sich Jo zu, der vergessen hat, die Tür zu schließen.
Bitte, mach die Türe zu ...

Der Chor singt die fünfte Strophe.
5. Jetzt wird der Platz hier aber knapp.
Die Luft ist warm,
doch macht sie schlapp.
Alle liegen kreuz und quer.
Da kommt noch ein Gast daher.

Es ist der Bär, er hat eine große Kiste dabei.

bedauernd
Hier ist kein Platz mehr, lieber Bär!

Ich habe euch für diese Nacht
was ganz Besondres mitgebracht!

Was denn bloß?

Eine Überraschungskiste!

Eine Überraschungskiste?
Na, vielleicht geht's ja noch!

Alle helfen, die Kiste in die Hütte zu bringen. Da bricht das Häuschen fast zusammen.

Alle Tiere singen den Refrain.
Doch jetzt geht die Tür nicht zu.
Doch jetzt geht sie nicht mehr zu.
Da quetschte sich der Bär noch rein,
mit seiner Kiste obendrein.
Doch den Kistendeckel läßt er zu.
Die Neugier läßt den andern keine Ruh'.

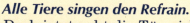
Der Chor singt die sechste Strophe.
6. Nun platzt das Haus fast aus der Naht,
weil's da so viel' Bewohner hat.
Du dicker Bär, nun mach mal los –
was ist mit der Kiste los?

neugierig
Was ist denn nur da drin, so groß!

Schaut doch mal genauer hin:
Platz ist in der Kiste drin!

Platz?

Platz?

verdreht die Augen
Das ist ja eine tolle Überraschung!

Die Überraschungskiste

Er wendet sich an den Bären.
Gut. Dann nimm doch gleich mal in deiner Kiste Platz.

Der Bär steigt in seine Kiste. Die Tür läßt sich wieder schließen, und am Ende haben alle genug Platz bis zum nächsten Morgen.

Zusammen singen sie noch einmal den Refrain und versuchen den Deckel der Überraschungskiste zuzumachen.
Bitte macht den Deckel zu!
Bitte macht den Deckel zu!
Draußen weht ein kalter Wind,
und wo die kalten Winde sind,
da macht man besser seinen Deckel zu,
sonst hat man vor der Kälte keine Ruh'.

PRINZESSIN LI UND DER RÄUBER KARABASSO

Handlung
Der Prinzessin ist es im Schloß zu langweilig geworden – alles, was sie dort lernen sollte, kann sie schon: Bälle in die Luft werfen und auffangen, tanzen, sticken und die anderen Dinge, die sich für eine Prinzessin „schicken".
Sie macht sich eines Tages in die Stadt auf, um bei den Handwerkern etwas zu lernen: beim Bäcker, beim Zimmermann, beim Schneider und beim Schmied und schließlich sogar bei dem Räuber Karabasso.
Mit Witz und Geschick fesselt sie den Räuber, und gemeinsam bringen sie alle zwischenzeitlich geraubten Gegenstände den eigentlichen Besitzern zurück.

Bühne
Für dieses Stück benötigen Sie einen sogenannten Theater- oder Bühnenvorhang, der jedesmal für den Umbau der Bühne geschlossen wird. Und da Sie einen solchen Vorhang auch für viele andere Stücke verwenden können, lohnt sich die Herstellung. Königsblau bietet sich als Farbe an. Natürlich ist ein edler Samtvorhang eine feine Sache, jedoch eignen sich fast alle nicht allzu leichten Stoffqualitäten. Damit der Vorhang gut fällt, sollten Sie unbedingt in den unteren Saum Bleiband einnähen.
Es gibt zwei Möglichkeiten, den Vorhang aufzuhängen:
● an einem Stahlseil, das von der linken zur rechten Wand gespannt wird. Dazu müssen Sie für den Vorhang eine Ringaufhängung vorsehen (aus Holz oder aus Metall). Der Vorteil bei dieser Art besteht darin, daß Sie ihn fast in beliebiger Höhe anbringen können (aber mindestens 1,80 m hoch) und entsprechend weniger Stoff benötigen, als bei der zweiten Version. Allerdings muß das Drahtseil sehr stark gespannt werden, damit es in der Mitte nicht zu sehr durchhängt.

Prinzessin Li und der Räuber Karabasso

● an einer Vorhangschiene, die Sie an der Decke festschrauben. Dort „läuft" der Vorhang besser als an einem Seil! Er wird mit Vorhangklammern versehen und in die Schiene geschoben. Sie brauchen in diesem Fall zwar viel Stoff, denn er muß von der Decke bis zum Boden reichen; aber die Handhabung ist einfach.
Wenn Sie immer wieder Theaterstücke aufführen, ist ein solcher Vorhang zu empfehlen.
Etwa 3 m hinter dem Theatervorhang befindet sich ein einteiliger Hintergrundvorhang. Wenn er nicht zu nah an der Wand angebracht ist, können dahinter noch Requisiten stehen.
An diesen Vorhang nähen Sie Ringe an, die Sie an Deckenhaken befestigen.
Wenn Sie für den Hintergrundvorhang Schleiernessel nehmen (gibt es im Theaterfachversand, zum Beispiel Gerriets in Freiburg), können Sie ihn trotz der großen Fläche von 2,5 x 5 m oder 3 x 6 m sogar in der Waschmaschine färben.

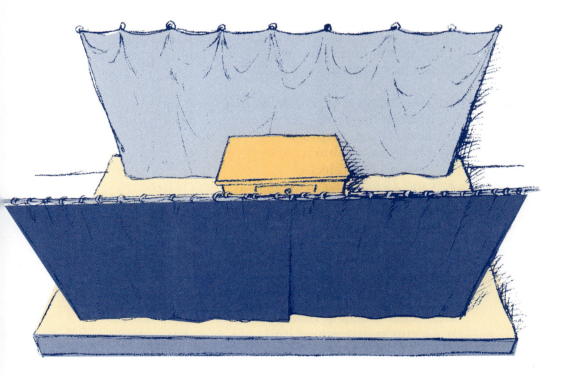

Prinzessin Li und der Räuber Karabasso

Oder wie wäre es mit einem Hintergrundvorhang zum „Umblättern"? Die Kinder malen drei Bühnenbilder auf Papier oder auf Leinwand (grundierter Nessel): Das erste Bild zeigt eine Landschaft und im Hintergrund das Königsschloß. Auf dem zweiten sieht man eine Gasse der Stadt und auf dem dritten einen dunklen Wald, in dem der Räuber schließlich gefangen wird.

Alle drei Vorhänge werden in der entsprechenden Reihenfolge aufeinander gelegt und an einer Leiste befestigt, die Sie mit zwei langen Schnüren an zwei Deckenhaken befestigen. Zum Umblättern wird dieser „dreifache Prospekt" einfach heruntergelassen, und die Kinder schlagen das „alte" Bühnenbild nach hinten um.

Allerdings sollten Sie den Zeitaufwand für das Bemalen nicht unterschätzen. Wenn die Kinder es wirklich sorgfältig machen, benötigen sie für jedes Bild auf Papier zwischen zwei und drei Stunden. Für Leinwand – wegen des Grundierens – sogar noch länger.

Achtung:

Sie und die Kinder sollten unbedingt einen Entwurf machen und diesen mit Kohle auf die große Fläche übertragen.

Dekoration In jeder Werkstatt, die die Prinzessin betritt, steht derselbe Tisch, auf dem sich in jeder Szene typische Dinge befinden.

In der *Bäckerei* sind es Mehltüten, Eier, Milch, Schüsseln, Backbleche ...

Für die *Zimmermannswerkstatt* werden Bretter und Leisten schräg an den Tisch gelehnt.

Beim *Schmied* wird aus dem Tisch die Esse oder der Amboß, und dort stehen auch verschiedene Hämmer.

Beim *Schneider* setzt sich der Meister selbst im Schneidersitz auf den Tisch und ist von verschiedenen Stoffballen umgeben. Möglicherweise läßt sich sogar aus dem Bekanntenkreis eine alte Nähmaschine (mit Untergestell zum Schieben) auftreiben.

Prinzessin Li und der Räuber Karabasso

Kostüme und Requisiten

Die Prinzessin
Die Prinzessin trägt ein hübsches, festliches Sommerkleid mit einer breiten Schleife in Taillenhöhe. Ein Krönchen läßt sich aus goldfarbenem Karton basteln und anschließend mit Schmucksteinchen (aus dem Bastelgeschäft) bekleben.

Der Räuber Karabasso
Er trägt einen großen, schwarzen oder dunkelbraunen Hut mit einer breiten Krempe und mit einer langen Feder (Straußen- oder Fasanenfeder). Er hat ein zu großes Hemd an, das großkariert und mit einem breiten Gürtel gefaßt sein kann. Im Gürtel stecken ein oder mehrere Pappmesser. Sein Lasso hat er aufgerollt und trägt es über der einen Schulter; über der anderen einen Beutesack. Markant sollte der wilde Bart oder sein rauhes Stoppelkinn sein (siehe auch der Meister bei „Die Werkzeugkiste").

Der Zimmermann
Die Zunftkleidung eines Zimmermannes müssen Sie ausleihen: eine schwarze Cordhose mit weitem Schlag, eine weit ausgeschnittene Zimmermannsweste mit vier zweireihig angeordneten Knöpfen und einen breitkrempigen Hut. In der Seitentasche hat der Zimmermann einen Zollstock.
Der Hammer ist präpariert, das Eisen schneiden die Kinder aus Schaumstoff zu und färben es. Der Stiel ist aus einer Pappröhre. Zudem braucht der Zimmermann noch eine Schachtel mit langen Nägeln. Ein Holzstück in der Werkstatt wird vorgenagelt. Das bedeutet, daß der Nagel „von selbst" hält, den der Zimmermann dort während des Stücks einschlägt. Außerdem muß ein Lappen bereitliegen, mit dem der Zimmermann seinen Kopf kühlen kann.

Der Bäcker
Er ist entweder ganz weiß gekleidet, oder er trägt eine typische Bäckerhose: blauweißes Pepitamuster. Eine weiße Konditorenmütze können Sie gewiß bei einem Bäcker ausleihen.

Prinzessin Li und der Räuber Karabasso

Der Schneider
Er trägt ein weißes Hemd und zwei dunkle Ärmelschoner aus Stoff: zwei Schläuche, in die Sie oben und unten jeweils Gummiband einnähen. Die Schoner werden an den Unterarmen getragen. Außerdem hat der Schneider an einem Handgelenk einen Nadeligel.
Er trägt eine dicke, runde Brille, die Sie ausleihen sollten oder billig auf einem Flohmarkt besorgen.

Der Schmied
Der Schmied trägt eine Lederschürze auf seinem nackten Oberkörper. Wenn Sie keine Schürze aus Leder ausleihen können, darf es auch eine aus Stoff sein.
Der Hammer ist echt, im Gegensatz zu dem des Zimmermanns.

Musik
Es wäre schön, wenn ein Kind Flöte spielt – Quer- oder Blockflöte –, um das Lied der Prinzessin zu begleiten. Sie braucht es dann nicht jedes Mal zu singen, sondern die Flöte übernimmt die Melodie. Das Räuberlied, das der Chor singt, kann mit tiefen Paukenschlägen begleitet werden.
Die Musik ertönt jeweils bei den kurzen Umbaupausen und verkürzt auf diese Weise die Wartezeit.

Spieler
Zuzüglich zu den Schauspielern benötigen Sie einen möglichst großen Chor, zwei Orchestermusiker, Bühnenarbeiter für den Szenenwechsel und zwei Kinder, die den Bühnenvorhang öffnen und schließen.

Rollen   Prinzessin Li    der Bäcker

 der Räuber Karabasso   der Schneider

 der Zimmermann   der Schmied

Prinzessin Li und der Räuber Karabasso

Der Räuber Karabasso ist während des folgenden Liedes zwei- bis dreimal auf einer Seite des Theatervorhangs zu sehen und verschwindet, wenn dieser sich zu öffnen beginnt. Das erste Bühnenbild zeigt das Schloß. Nun betritt die Prinzessin die Bühne. Sie singt leise ihr Lied „Singen kann ich".

Sin - gen kann ich zur Mu - sik, hüp - fen, tan - zen, sprin - gen.
Bäl - le werf' ich in die Höh', was kann noch ge - lin - gen?

Sie bleibt in der Mitte der Bühne stehen und schaut sich nach links und nach rechts um, damit sie entscheiden kann, in welche Richtung sie gehen will.

spricht
Prinzessin Li geht in die Stadt,
fragt, ob ihr jemand Arbeit hat.
Gerne möcht' sie etwas nützen,
nicht nur so im Schloß rumsitzen.

Der Vorhang schließt sich. Dahinter geht – leise! – der Umbau für die Stadt vor sich.

Die Prinzessin bleibt vor dem Vorhang und springt umher. Dazu singt sie wieder.

Singen kann ich zur Musik ...

Die Prinzessin bleibt stehen und wendet sich an die Zuschauer.

spricht
Ich bin die Prinzessin Li.
Man denkt, es geht auch ohne sie.
Ich glaube, keiner fängt was an,
mit den Dingen, die ich kann.
Nun geht die Prinzessin ab. An einer Seite des Theatervorhangs kann man den Räuber Karabasso sehen, der alles beobachtet hat und nun zu seinem Räuberlied unbeholfen einen Walzer tanzt.

Prinzessin Li und der Räuber Karabasso

**Der Chor singt das Lied
„Der Räuber Karabasso".**

 reibt sich die Hände
Die Prinzessin, die ich sah,
fang' ich mir, dann gibt's was bar.

Karabasso macht sein Lasso fangbereit und schleicht der Prinzessin hinterher. Nachdem er an der Seite abgegangen ist, öffnet sich der Vorhang, und das neue Bühnenbild — die Stadt — wird sichtbar.

In der Mitte der Bühne ist die Zimmerei aufgebaut: die Werkbank, das ist ein Tisch, an dem verschiedene Hölzer angelehnt sind.

Die Prinzessin steht schon neben dem Zimmermann und bestaunt seine Arbeit.
Nun, Prinzessin, willst du schauen,
wie Zimmerleute Häuser bauen?

Prinzessin Li und der Räuber Karabasso

 Ich möchte bauen so wie Ihr.
Bitte, Meister, zeigt es mir.

 Er zeigt ihr, wie man einen Nagel einschlägt.
Da ein Hammer, da die Nägel,
diese haut man in der Regel
durch ein Loch ins Holz.
Dann hält es, und das soll's!

 Das möchte die Prinzessin auch versuchen. Sie nimmt den großen Hammer und holt dabei so weit aus, daß sie — ohne es zu merken — den Zimmermann am Kopf trifft.
Prima! Jetzt laßt mich mal ran.
Getroffen! Oh, Herr Zimmermann?
Schaut mal her, war es so recht?
Was habt Ihr nur? Ist Euch denn schlecht?

 Au!

 Der Zimmermann taumelt und hält sich den Kopf.
Gut, Prinzessin, der Nagel ist drin.
Nur eins muß ich sagen, daß ich keiner bin!

 Sie gibt ihm den Hammer fröhlich zurück.
Danke, Meister, das war schön,
hab' viel gelernt, auf Wiedersehn!

Die Prinzessin geht davon und singt ihr Lied.
Singen kann ich zur Musik ...

Der Zimmermann hält sich einen Lappen gegen die Stirn und geht ab. Die Prinzessin geht auch von der Bühne ab.

Der Vorhang schließt sich. Der Räuber tritt vor dem Vorhang auf, späht umher und richtet das Lasso. Schnell geht er (hinter dem Vorhang!) in die Werkstatt hinein.

 Währenddessen singt der Chor den Refrain des Räuberlieds.
Der Räuber Karabasso ...

 Kaum ist die Musik beendet, steht Karabasso mit einer Packung Zimmermannsnägel vor dem Vorhang und steckt sie in den Beutesack.
Eieiei, der Zimmermann
fürchtet Karabasso.
Ein Pfund Nägel raub' ich mir
mit Messer und mit Lasso.

Prinzessin Li und der Räuber Karabasso

Karabasso geht mit seiner Beute auf der Schulter ab, und er schleicht der Prinzessin Li hinterher.

Wenn sich der Vorhang wieder öffnet, ist der Tisch mit Backutensilien bedeckt.

Der Bäcker steht hinter dem Tisch, während ihm die Prinzessin Li interessiert zuschaut.
Hallo, Prinzessin, willst du naschen?
Hier gibt's frische Mandeltaschen!

tritt interessiert näher
Ich möchte backen so wie Ihr.
Bitte, Meister, zeigt es mir.

Er zeigt ihr ein Backrezept.
Erst brauchen wir ein Backrezept,
in dem steht, wie man etwas bäckt.
Hat man alles das im Kopf,
holt man gleich den großen Topf.

Die Prinzessin kümmert sich nicht um das Rezept. Frohgemut schüttet sie in eine Schüssel Mehl hinein. Dabei wird der Bäcker neben ihr noch weißer, als er es schon ist.

ausgelassen
Rein das Mehl, hineingestreut!
Fünf Eier dazu, das mögen die Leut'!
Platsch! Milch und Butter und Zucker hinein.
Wie herrlich wird gleich das Kneten sein.

Er ist nun voller Mehl, hustet und niest.
Das wird, Prinzessin, erst morgen gemacht.
Der Teig muß ruhen, der Bäcker wacht.
Doch du kannst mir bitte – inzwischen –
das Mehl aus Haaren und Augen wischen.

Danke, Meister, das war schön,
hab' viel gelernt, auf Wiedersehen!

Prinzessin Li pustet ihm sachte das Mehl aus den Augen und wendet sich zum Gehen. Der Bäckermeister dreht sich um, nimmt einen Handfeger und staubt sich ab. Der Vorhang schließt sich.

singt ihr Lied
Singen kann ich zur Musik …

Die Prinzessin geht ab.

Wie beim ersten Mal taucht jetzt der Räuber Karabasso auf und verschwindet – zum Refrain des Räuberlieds – in der Bäckerei.

Wenig später taucht der Räuber mit einem Blech voller Mandelhörnchen auf. Ein Stück guckt ihm noch aus seinem Mund.

mit vollem Mund
Eieiei, der Bäckereimann

Prinzessin Li und der Räuber Karabasso

fürchtet Karabasso.
Mandelhörnchen raub' ich mir
mit Messer und mit Lasso.

**Nun geht der Räuber zur Seite ab, und der Vorhang öffnet sich wieder.
Zwischenzeitlich wurde die Bühne in eine Schneiderwerkstatt umgebaut.**

Der Schneider sitzt auf dem Tisch, die Prinzessin schaut ihm über die Schulter.
Hallo, Prinzessin, das ist fein.
Darf's ein neues Ballkleid sein?

Ich möchte nähen so wie Ihr.
Bitte, Meister, zeigt es mir.

Wollstoffe, Seide und Damast;
nimm heraus, was du gern hast.
Da ist Nadel und Fingerhut,
Faden noch, dann geht es gut!

Die Prinzessin setzt sich neben den Schneider, um zu nähen.

Vor lauter Eifer bemerkt sie nicht, wie sie den Stoff am Hemdsärmel des Schneiders festnäht.

Stich rauf und Stich runter.
Ich kann's schon – ein Wunder!
Hauptsache ist, es hält!
Das ist's doch, was zählt!

Schließlich sticht sie den Schneider versehentlich in den Arm.

Autsch! Nicht mich vernäh.
O je – schon ist's geschehn!
Der Stoff ist an mir festgenäht.
Ich glaub' nicht, daß mir so was steht.

Prinzessin Li und der Räuber Karabasso

 rutscht vom Tisch herunter
Danke, Meister, das war schön,
hab' viel gelernt, auf Wiedersehn!

Sie geht davon und singt ihr Lied.
Singen kann ich zur Musik ...

Die Prinzessin geht von der Bühne ab. Der Schneider sucht nach einer Schere, um den Stoff vom Ärmel abzutrennen. Der Vorhang schließt sich.

Diesmal stiehlt Karabasso zum Refrain des Räuberlieds einen schönen Stoffballen. Vor dem Vorhang steckt er ihn in seinen Beutesack.

Wieder folgt er der Prinzessin.

 hochzufrieden
Eieiei, das Schneiderlein
fürchtet Karabasso.
Stoff und Faden raub' ich mir
mit Messer und mit Lasso.

Ein weiteres Mal öffnet sich der Vorhang. Nun sieht man auf der Bühne eine Schmiede.

 Der Schmied steht an dem zur Esse oder zum Amboß umfunktionierten Tisch. Die Prinzessin steht neben ihm.
Nun, Prinzessin, du bist hier.
Brauchst ein Schloß für eine Tür?
Oder eine Tür fürs Schloß,
sag, Prinzessin, was ist los?

 eifrig
Ich möchte schmieden so wie Ihr.
Bitte, Meister, zeigt es mir.

 Willst du wirklich Eisen biegen,
na, an mir soll es nicht liegen.
Wenn Eisen glüht, dann wird es weich.
Dann gehämmert – probier's nur gleich!

 Darf ich's probieren? Bestimmt ist es leicht!
Sie will es versuchen, kann aber den Hammer nicht hochheben.
Sagt mir, wieso der Hammer nicht weicht.
Er steht auf dem Boden wie festgeklebt.
Er will wohl nicht, daß man ihn hebt.

Prinzessin Li und der Räuber Karabasso

Er nimmt ihr den Hammer ab.
Mit beiden Händen und mit viel Kraft;
dazu bedarf es Meisterschaft.
Du bist für andere Schlösser gemacht.
Ehrlich gesagt, ich hab's gleich gedacht.

Danke Meister, das war schön,
hab' viel gelernt, auf Wiedersehn!

Sie geht davon und singt ihr Lied.

Der Schmied nimmt den schweren Hammer hoch – der Vorhang schließt sich.

Karabasso stellt sich ein. Zum Refrain des Räuberlieds schnappt er sich eine Zange. Vorm Vorhang läßt er sie im Beutesack verschwinden.

hochzufrieden
Eieiei, der Schmiedemeister
fürchtet Karabasso.
Eine Zange raub' ich mir
mit Messer und mit Lasso.
Nun wird Prinzessin Li entführt –
und ich bekomm', was mir gebührt!

Er geht der Prinzessin hinterher. Der Vorhang öffnet sich, und nun ist ein neues Bühnenbild – Der Wald – zu sehen.

Die Prinzessin kommt tanzend auf die Bühne. Sie singt ihr Lied.
Singen kann ich zur Musik …

Karabasso ist schwer beladen, er muß seinen Beutesack an einer Bühnenseite abstellen.

Nun nimmt er das Lasso in die Hände, um die Prinzessin zu fangen.
Eieiei, Prinzessin Li
fürchtet Karabasso.
Deine Krone raub' ich mir
mit Messer und mit Lasso.

Er nimmt die Prinzessin gefangen und fesselt sie, indem er sie, Runde um Runde, immer mehr einwickelt, bis sie sich schließlich gar nicht mehr bewegen kann.

staunend
Ich möchte räubern so wie Ihr.
Bitte, Meister, zeigt es mir.

Karabasso stutzt, kratzt sich am Kopf, dann aber ist er sehr geschmeichelt.

Er legt die Krone in seinen Beutesack.
Die Prinzessin will ein Räuber sein?
Hier kommt erst mal das Krönchen rein.
Im Sack wird Räubergut versteckt,
sonst kommt noch wer und nimmt es weg!

Bitte, bringt mir alles bei.
Auch die Lassoschwingerei.
Auch dein Räubermesser
steht mir sicher besser.

Prinzessin Li und der Räuber Karabasso

Karabasso befreit sie aus der Fesselung.

 belehrt sie genüßlich
Als Räuber trag dein Messer seitlich,
das ist Vorschrift — unvermeidlich.
Das Lasso wirf in weitem Bogen.
Hast du was, wird's festgezogen!

**Karabasso gibt ihr das Lasso.
Die Prinzessin fängt den Räuber.
Sie wickelt ihn ein.**

 stolz
Aus dir, Prinzessin, wird mal was!
Du siehst schon: Räubern, das macht Spaß.
Jetzt genug, jetzt wechseln wir,
weil ich ja schließlich dich entführ'.

Sie gehen so weit zum Bühnenrand vor, damit sich der Vorhang hinter ihnen schließen kann.

 Hab' mir was andres ausgedacht:
Alles wird zurückgebracht.
Jetzt wolln wir beide Freude machen,
verschenken deine Räubersachen.

**Sie gehen los. Der Räuber ist viel zu sehr überrumpelt, als daß er sich wehren kann.
Die Prinzessin singt ihr Lied und zusammen gehen sie zu einer Seite der Bühne ab.**

Wenn sich der Vorhang nun öffnet, sieht man alle vier Meister zusammen in einer Reihe stehen. Einer nach dem anderen bekommt nun zurück, was ihm gehört.

 Prinzessin Li holt nacheinander die Beutestücke aus dem Sack hervor.
Mancherlei verteilen wir.
Kennt Ihr diese Dinge hier?

 Ach, da ist ja meine Zange.
Ja, die suche ich schon lange!
Oh, Prinzessin, das war schön.
Vielen Dank, auf Wiedersehen.
Der Schmied geht ab.

 Ach, das sind ja meine Nägel!
Die nahm mir der Räuberflegel.
Oh, Prinzessin, das war schön.
Vielen Dank, auf Wiedersehen.
Der Zimmermann geht ab.

Prinzessin Li und der Räuber Karabasso

 Und von meinen Stoffen allen,
nahm er sich den besten Ballen.
Oh, Prinzessin, das war schön.
Vielen Dank, auf Wiedersehen.
Der Schneider geht ab.

Jetzt tritt der Bäcker vor.

 Prinzessin Li zieht nur das leere Backblech aus dem Sack heraus.
Du liebe Zeit, der Sack ist leer.
Die Mandeltaschen gibt's nicht mehr!
Es gibt nur noch den Räubermeister.
Karabasso, ja, so heißt er.

 Der Bäckermeister besieht sich Karabasso von allen Seiten.
Als Seil nehm' ich das Lasso,
als Helfer Karabasso.
Das Messer, in klares Wasser getaucht,
wird zum Kuchenschneiden gebraucht.

 Die Prinzessin macht vor dem Räuber einen Knicks.
Danke, Helfer, das war schön,
hab' viel gelernt, auf Wiedersehen!

Karabasso brummt mürrisch vor sich hin.

 Die Prinzessin geht ab und singt ihr Lied.
Singen kann ich zur Musik,
Räuber auch bezwingen.
Alles kann man, lernt man was,
alles kann gelingen.

Der Vorhang schließt sich.

DIE WERKZEUGKISTE

Handlung

Kaum ist der Meister aus dem Haus, entwickeln die Werkzeuge ein Eigenleben: Der Hammer gedenkt, Hochzeit mit der Säge zu halten. Zange und Bohrer sind dagegen. Es entsteht ein wildes Durcheinander – bis der Meister plötzlich wieder zurückkommt.

Bühne

Für dieses Spiel brauchen Sie einen Vorhang, der aus zwei Teilen besteht und sich im Spiel leicht öffnen und schließen läßt. Am einfachsten ist es, Sie befestigen an jedem Vorhangteil eine Stange, mit der er einfach auf- und zugezogen wird.
Die Stange sollte leicht sein: Fiberglas, ein Material, das zum Drachenbau verwendet wird, ist stabil und nahezu unzerbrechlich.
Das Bühnenbild zeigt eine Werkzeugkiste: zwei nebeneinandergestellte Bockleitern, auf deren Sprossen alle Werkzeugspieler sitzen – zunächst ordentlich aufgereiht; später verlassen alle ihre Plätze.
Weniger leicht zu beschaffen als die Bockleitern sind vier verschieden hohe Kastenwagen, wie sie in Turnhallen zu finden sind. Sie bieten mehr Spielern Platz und sind für ein richtiges Klassenspiel sinnvoller als die Leitern.
Die Kastenwagen stellen Sie so hintereinander auf, daß eine aufsteigende Treppe aus vier Stufen entsteht. Die Vorderseite des niedrigsten Kastens bekleben die Kinder mit blauem Papier. So wird der Eindruck des metallenen Blaus eines Werkzeugkastens hervorgerufen.

Kostüme und Requisiten

Der Meister
Er hat eine lange, grüne oder blaue Schürze oder einen langen Arbeitskittel an, einen Bleistift hinter ein Ohr geklemmt, und er trägt einen Hut mit schmaler Krempe.
Ein Bärtchen malt er sich mit braunem oder mit schwarzem Kajalstift auf, oder er klebt sich einen Bart an.

Die Werkzeugkiste

Bärte und das entsprechende Klebemittel finden Sie in Schminkkästen (etwa 100,– bis 150,– DM), die sehr ergiebig und für häufiges Spielen empfehlenswert sind.
Oder der Spieler fertigt aus Hanf- oder Wollfäden einen Bart und befestigt ihn mit (durchsichtigem) doppelseitigem Klebeband über der Oberlippe.
Achtung: Manche Kinder reagieren allergisch – Hautrötungen können die Folge sein! Bitte testen Sie Schminken und Klebstoffe immer erst am Handrücken der Spieler!

Der Lehrling
Der Spieler trägt eine Schirmmütze, bei der der Schirm nach oben geklappt wird, damit die Zuschauer sein Gesicht gut sehen können. Der Lehrling trägt eine graue Arbeitsjacke oder einen richtigen „Blaumann", der auch zu groß sein darf.

Das Lot
Aus Schaumstoff stellen die Kinder ein überdimensional großes Lot her, das sie an einer sehr dicken Schnur befestigen.
Der Spieler hält das Lot zunächst auf dem Schoß, später läßt er es schwingen.

Die Werkzeugkiste

Der Hammer
Aus Schaumgummi oder aus Styropor wird die große Form des Hammerklotzes (etwa 50 cm lang) zugeschnitten. An der Stelle, die normalerweise für den Stiel vorgesehen ist, wird der Kopf des Spielers eingepaßt.
Übrigens: Schaumgummi läßt sich gut mit einer großen Schere schneiden; Styropor mit einem scharfen Messer schnitzen. Es gibt jedoch auch spezielles Styropor-Schneidewerkzeug – das ist ein glühender Draht – das Sie von einem Handwerker ausleihen können.
Machen Sie sich unbedingt die Mühe, nach Resten oder Altwaren nachzufragen, denn sowohl Schaumgummi als auch Styropor sind recht teuer. Darüber hinaus ist es sinnvoll, bereits ausrangiertes Material wiederzuverwenden!

Die Beiß- oder Kneifzange
Hierfür nehmen Sie und die Kinder sich eine richtige Zange als Vorlage. Zum Bauen der Beißzange benötigen Sie zwei Besenstiele (oder Dachlatten), à etwa 1,20 m lang. Messen Sie bei jedem 1,00 m Länge ab, und kerben Sie die Stiele ein. Nun legen Sie sie – Kerbe auf Kerbe – aufeinander und durchbohren die Stiele. Dann werden Schraube, Mutter und Unterlegscheibe so miteinander verbunden, daß die beiden Stiele wie die Griffe einer richtigen Beißzange auf- und zuzuklappen sind. Beide Stiele sägen Sie oben etwa 6 cm tief ein und kleben dahinein je einen sichelförmig zugeschnittenen Kopfteil der Zange. Nun bemalen die Kinder die Griffe noch schwarz, den Kopfteil silbern.
Der Zangenspieler öffnet und schließt die Zange beim Sprechen des Textes.

Die Säge
Der Spieler hat eine echte Säge in der Hand, die Sie sich in einer Werkstatt ausleihen können oder kaufen müssen. Gedacht ist dabei aber nicht an einen kleinen Fuchsschwanz, sondern an eine große Säge, die man auch als „singende Säge" benutzen kann. Um Verletzungen zu vermeiden, soll-

Die Werkzeugkiste

ten Sie die gezackte Kante des Blatts unbedingt mit Klebeband unschädlich machen. Auf Unterarme und auf Wangen schminkt der Spieler sich ein gleichmäßiges Zickzackmuster, die „Sägezähne".

Der Bohrer
Eine etwa 40 cm lange Papproehre (für den Postversand) stellt den Bohrer dar. Die Bohrspirale malt das Kind mit dickem Filzstift oder mit Plakatfarbe auf und tackert danach unten an der Röhre – an zwei gegenüberliegenden Seiten – jeweils ein Band (etwa 35 bis 40 cm lang) fest. Danach schneidet das Kind einen Schaumstoffteller (Durchmesser etwa 5 cm größer als der der Röhre) zu und klebt darauf den unteren Rand der Pappröhre fest. So läßt diese sich wie ein Einhorn auf den Kopf setzen. Der Schaumstoff verhindert den Druck des Papprands, wenn der Spieler sich den „Bohrer" aufsetzt und dessen Haltebänder unterm Kinn verknotet.

Die Drahtrolle
Der Spieler ist ganz lose in grün beschichteten Gartendraht (etwa 0,5 cm dick) eingewickelt; so kann das Kind sich noch gut bewegen. Es hält den übrigbleibenden Teil der Drahtrolle in beiden Händen.

Der Schraubendreher
Der Spieler hält ein langes, silbern bemaltes Papprohr in seiner Hand, das oben flach eingedrückt und mit Klebeband zusammengehalten wird.

Die Feilen
Jeder Spieler hält ein Brett (Hart- oder Weichfaser) in der Hand, auf das Zacken aufgemalt sind. Sprechen die Feilen, bewegen sie das Brett auf und ab.

Die Schrauben
Die Spieler sind ganz in Grau gekleidet. Sie tragen kleine, graue Mützen, an denen man einen schwarzen Schraubenschlitz erkennen kann. Die ent-

Die Werkzeugkiste

sprechend zu färbenden „Gipsermützen" gibt es in Fachgeschäften für Berufsbekleidung oder für Gipser. Oder Sie stellen die Mützen aus festen Papiertüten her, indem Sie den oberen geschlossenen Rand abschneiden. Das ist der Schraubenschlitz.

Die Nägel
Sie tragen einen etwa 1,00 m langen Besenstiel in der Hand, in dessen oberes Ende ein Styroporteller gesteckt wird.

Der Zollstock
Der Spieler hält in der linken und in der rechten Hand je ein Ende eines überdimensionalen Zollstocks (in Bauspezialgeschäften erhältlich, dienen zur Feldvermessung). Damit führt er sehr eckige Bewegungen aus.
In der Ruhestellung streckt der Spieler seine Arme gerade nach oben. Auf ein Papierband – in der Farbe des Zollstocks oder eines Maßbands – malt das Kind mit einem Filzstift immer jeweils vier kleine und einen großen Strich nebeneinander. Dieses Maßband wird am Kopf des Spielers befestigt. Die Kleidung des Zollstocks ist einfarbig: Leggings sowie ein lang- oder kurzärmeliges T-Shirt.

Spieltip

Wenn Sie dieses Spiel ohne viel Aufwand zu Hause spielen wollen, können Sie natürlich auch aus Stühlen oder Tischen eine Werkzeugkiste „bauen". Und Sie müssen auch keine Kostüme anfertigen. Geben Sie jedem Kind einfach das entsprechende Werkzeug in die Hand.

Übrigens: Je tänzerischer dieses Spiel wird, desto besser. Denken Sie sich mit den Kindern genau die Wege, die Schritte und die passenden Geräusche aus.

Musik

„Die Werkzeugkiste" ist ein Spielstück, in dem viele Geräusche rhythmisch eingesetzt werden. Sie stammen aus einer echten Werkzeugkiste: Die Spieler der Rhythmusgruppe schlagen Hämmer

Die Werkzeugkiste

gegeneinander, benutzen Schraubendreher – verkehrt herum gehalten – als Trommelstöcke und zugeklebte Schraubenkästchen als Rasseln.
Für die sehr wirksame Musikeinlage der „singenden Säge" braucht der Spieler einen ausgedienten Geigen- oder Cellobogen, der gut mit Kollophonium eingerieben werden muß. Das Sägeblatt wird auf seiner ungezackten Seite gestrichen.
Die Säge wird mit dem Blatt nach unten auf dem Boden aufgesetzt, und die verschiedensten Tonhöhen entstehen dadurch, daß es sich unterschiedlich biegen läßt.
Das Spielen auf der „singenden Säge" bedarf einer gewissen Übung!

Spieler   Zuzüglich zu den Schauspielern benötigen Sie eine Rhythmusgruppe und ein Geräuschorchester.

Rollen

 der Meister

 der Lehrling

 das Lot

 der Hammer

 die Beißzange

 die Säge

 der Bohrer

 die Drahtrolle

 der Schraubendreher

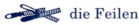 die Feilen

 die Schrauben

 die Nägel

 der Zollstock

Die Werkzeugkiste

Der Meister tritt mit seinem Lehrling von der Bühnenseite vor den Vorhang und öffnet diesen. Dahinter ist die Werkzeugkiste zu sehen.

🎩 *Nun belehrt der Meister seinen Lehrbuben über die Ordnung in der Werkzeugkiste.*
Höre: In Werkzeugkisten
ist es Pflicht,
daß Ordnung herrscht
und Übersicht.
Wer diese Regel einfach bricht,
findet dann sein Werkzeug nicht!

🧢 *nickend und verstehend*
Aha, natürlich, das ist klar!
Drum sind die Werkzeugkisten da!

🎩 Wer ein Handwerk gut betreibt,
der schaut, daß das so bleibt.
Ich hoffe nur, das ist dir klar!
Der Lehrling nickt.

🎩 So, nun geh' ich – du bleibst da.

Der Meister geht davon und läßt den Lehrling alleine zurück. Dieser wartet, bis der Meister verschwunden ist, und beginnt dann zu gähnen und sich zu strecken.

🧢 Heute bring' ich nichts zu Wege.
Ich fühle mich doch etwas träge.
Ich glaub', daß ich nichts falsch bewege,
wenn ich auf das Ohr mich lege.

Der Lehrling legt sich an einer Bühnenseite auf den Boden und schläft ein.

Kaum ist das geschehen, erwachen die Werkzeuge: Erst öffnen die Spieler verschlafen die Augen, danach bewegen sie sich langsam, und dann allmählich immer schneller.

🔨 *späht aus*
He, hört her, soweit ich seh',
gibt's hier keine Not!
Grad' ging der Meister mit Ade.
's ist alles hier im Lot!

🔨 *setzt sich auf*
Mit Säge, meiner Liebsten,
soll heute Hochzeit sein.
Wir laden euch als Gäste,
dann sind wir nicht allein.

🔧 *maulend*
Hört mal, das ist echt
der Hammer!
Ausgerechnet die.
Gibt's denn keine Schönere?
Warum denn grade sie?

Zange und Säge bauen sich voreinander auf.

🪚 *keck*
Ich bin halt scharf und zackig,
das mag er eben sehr.
Und, daß ich – im Vergleich zu dir –
noch musikalisch wär.

Die Werkzeugkiste

**Die Säge singt Koloraturen –
kurze Tonleitern von ganz unten
bis oben.**

**Der Bohrer kommt hinzu. Er
dreht sich beim Sprechen um
die eigene Achse und spricht
traurig.**

Da bohrt doch eine Frage
am heut'gen Hochzeitstag:
Warum das feine Sägchen
den groben Hammer mag.

giftig
Wer soviel „Tiefgang" hat wie sie,
wird manches nie verstehen!

**Da der Bohrer sich immer weiter
dreht und auch die Drahtrolle
nicht stillsteht, verwickeln sich
die beiden versehentlich inein-
ander.**

belemmert
Verwicklungen von dieser Art
geschehn ganz aus Versehen.

**Sie versuchen, sich wieder von-
einander zu lösen.**

Raus aus der Werkzeugkiste,
und auf die Hobelbank!
Das Fest wird groß gefeiert:
Ihr Feilen, aus dem Schrank!

Die Werkzeugkiste

Die Feilen kommen herbei und beginnen ein Schab-, Kratz- und Feilkonzert.
Uns braucht man ja so selten.
Wir sind ganz isoliert.
Wie gut, daß endlich etwas Aufregendes passiert.

Wir drehn uns gern!
Gibt's auch Musik
zur Hochzeit „Hammer-Säge"?
Schraubendreher, drehst du uns?
Allein sind wir zu träge.

Schraubendreher und Schrauben tanzen zusammen.

Wer haut uns im Dreivierteltakt
ein bißchen auf den Kopf?
Wir Nägel haben aus dem Grund
einen flachen Schopf.

Nägel klopf' ich wie ein Hammer.
Zange kennt sich aus!
Doch – was kein Hammer kann –
ich hol' euch, wenn ihr festsitzt, raus.

Maßlos sind wir Stäbe nicht,
nicht einmal die langen!
Entfalten tun wir uns nur kurz,
halten uns zusammen.

Hammer, komm und tanz mit mir!
Dann fang' ich an zu schwingen.
Mein Sägeblatt biegt sich so sehr.
Jetzt möchte ich erklingen.

Das ganze Geräuschorchester erklingt nun zusammen, und die Werkzeuge tanzen.

Da kommt der Meister zurück. Er bemerkt aber nicht gleich die tanzenden Werkzeuge, sondern achtet zunächst nur auf den schlafenden Lehrling. Und dieser Anblick ärgert ihn.

Die Werkzeuge stürzen sich erschrocken in die Kiste zurück, das heißt auf die Bockleitern. Allerdings setzen sie sich in der Eile ganz durcheinander hin; sie strecken zum Beispiel Beine und Arme aus und einige sitzen aufeinander. Dann frieren sie ihre Bewegungen ein, das heißt, sie werden ganz unbeweglich.

Der Lehrling wacht trotz des Krachs nicht auf.

Die Werkzeugkiste

 zum schlafenden Lehrling
In Werkzeugkisten ist es Pflicht,
daß Ordnung herrscht
und Übersicht.
Doch das hier, da, in dieser Kiste,
ist ein Durcheinander-Miste!

Er klappt den Werkzeugkasten zu. Das bedeutet: Er schließt den Vorhang, so daß er und der Lehrling sich davor befinden. Dann wendet der Meister sich wieder an den Lehrling.

Lehrling, der zu schlafen wagte!

Der Lehrling wacht entsetzt auf und stellt sich hin.

 Wie ist der Spruch, den ich dir sagte?

 verdattert
Wenn der Meister zu dir spricht,
dann bohre in der Nase nicht.
Zudem sage ich ganz schlicht:
Den Spruch – ich glaub', ich weiß ihn nicht!

 eindringlich
Er lautet:
In Werkzeugkisten ist es Pflicht,
daß Ordnung herrscht
und Übersicht.
Wer diese Regel einfach bricht,
findet dann sein Werkzeug nicht! –

Und was ist das?

Er öffnet den Vorhang. Während des Dialogs haben sich – hinter dem Vorhang – alle Werkzeuge wieder in die richtige Position gebracht.

 Alles, wie's der Meister wollte.
Alles, wie's auch bleiben sollte.

 erstaunt
Tatsächlich!

Die Werkzeuge zwinkern dem Lehrling verstohlen zu. Meister und Lehrling schließen den Vorhang und verbeugen sich.

SOMMER IM KÄFIG

Handlung Die vier Urlauber sind sich einig: Der Sommer war zu kurz, er sollte einfach noch länger dauern. Dem Kalender nach ist schon bald Herbst.
Da beschließen die Urlauber, den Sommer einzufangen und in einen Käfig zu sperren. Noch ist ja Sommer, er muß also irgendwo stecken!
Doch wie sieht der Sommer aus? Und wie kann man ihn anlocken? Alles Fragen, die sich die Sommerfänger beantworten müssen.
Übrigens: Die Urlauber fangen wirklich jemanden! Ob das der Sommer ist?
Auf jeden Fall sind die Sommerfänger rechte Schildbürger.

Bühne Für dieses Stück sollte der Bühnenraum großzügig bemessen sein. Vielleicht haben Sie einen Raum zur Verfügung, bei dem es möglich ist, in einer Gasse zwischen den Zuschauern zu spielen.

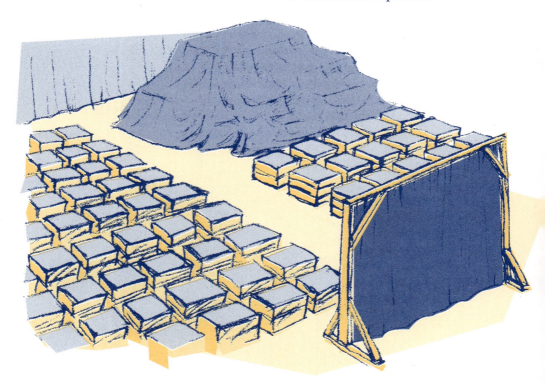

Sommer im Käfig

Dazu brauchen Sie zwei Vorhänge – an jeder Seite der Gasse einen. – Wie Sie einen Vorhang anfertigen können, lesen Sie im Vorwort.
Auf der einen Seite der Gasse haben sich alle Sommerfänger hinter einem Hügel versteckt, hier brauchen Sie mehr Platz als auf der anderen Seite, denn dort treten nur die neu hinzukommenden Personen auf und gehen dann auf die Bühne. Währenddessen kommen die Sommerfänger hinter dem Hügel hervor.
Wenn Sie nicht die Möglichkeit haben, Ihre Bühne in dieser Weise einzurichten, müssen Sie darauf achten, daß zwischen Bühne und Aufgang etwa 6 m Platz ist. Denn die neu hinzukommenden Personen benötigen einen recht langen „Anmarschweg", während ihre „Auftrittslieder" gesungen werden. Darüber hinaus sollen die von rechts auftretenden Spieler nicht gleich gesehen werden. Vielleicht können Sie auch Stellwände oder eine spanische Wand aufstellen.

Sommer im Käfig

Aus Stühlen, Bänken und aus Tischen bauen Sie und die Kinder einen Hügel, den Sie mit einem großen Tuch überdecken. Nach vorn – zum Zuschauerraum hin – gestalten Sie die Hügelvorsprünge aus Kisten (Weinkisten oder Turnkästen sind stabil genug), die Sie mit Extrastücken des Tuchs überdecken. Das sieht nun genauso aus, als wären der Hügel und seine Vorsprünge „aus einem Guß". Aber Achtung: keine waghalsigen Konstruktionen! Dort vorne sitzen die Sommerfänger und stellen ihre Überlegungen an.
Hinter dem Hügel können Sie eine Bockleiter aufstellen, damit die Sommerfänger dort einen Ausguck haben.

Requisiten

Ein *Fischernetz* können Sie in Anglerfachgeschäften oder in Dekorationsläden besorgen.
Es ist recht schwierig, ein übergroßes *Schmetterlingsnetz* herzustellen. Deshalb sollten Sie sich von einem geübten Heimwerker helfen lassen. Achten Sie darauf, daß das Netz nicht zu schwer wird. Sie nehmen ein dünnes Kupferrohr von 1,20 m Länge und formen es zu einem Kreis. Dabei lassen Sie beide Enden etwa 10 cm lang überstehen und biegen sie zusammen so nach außen, daß sie aufeinanderliegen. Danach verschweißen Sie sie miteinander und bearbeiten sie so am Amboß, daß sie sich in ein Stück Wasserrohr (etwa 20 cm lang) mit einem Hammer hineinschlagen lassen. In den unteren Teil des Wasserrohres wird ein Besenstiel (je nach Durchmesser des Rohres auch ein dickerer Stiel) als Netzgriff hineingeschoben. Dann müssen Sie nur noch ein 1 m langes Stück Netzstoff schlauchförmig zusammennähen, unten verschließen und dann – ebenfalls mit Nadel und Faden – am Kupferring anbringen.
Der *Käfig* läßt sich aus 18 Bambusstangen dreidimensional bauen, aus sechs bis neun Stücken wird er zweidimensional.
An allen Stellen, an denen Stangen einander kreuzen, binden Sie diese mit feuchten Lederbändern zusammen. – Leder zieht sich nach dem Trocknen zusammen und gibt den Stangen Halt.

Sommer im Käfig

Den Käfig versehen Sie mit einer Lederschlaufe, an der Sie einen Haken befestigen. Hinter der Bühne bringen Sie ebenfalls einen Haken – mit einem Gewicht versehen – an der Decke an und ziehen eine lange Schnur hindurch. Das eine Ende wird am Haken des Käfigs befestigt, das andere bleibt hinter der Bühne. Dort muß die Schnur vor der Aufführung gespannt werden, um den Käfig unter die Decke zu ziehen. Um ihn herunterzulassen, lösen Sie die Schnur; so kommt der Käfig aufgrund des Gewichts nach unten.
Eine einfachere, wenn auch weniger wirkungsvolle Alternative für einen Käfig ist ein Netz.

Ebenfalls notwendig für dieses Spiel sind zwei übergroße Eistüten. Aus biegsamer Pappe schneiden Sie je ein großes Dreieck aus, dessen Außenseite Sie braun anmalen und anschließend zur Tüte zusammenkleben. Dann füllen Sie Muttern oder kleine Eisenkugeln in jede Tüte, um diese zu beschweren.
Die Eiskugeln entstehen aus Schaumstoffstücken, die Sie bunt färben und zuerst miteinander vernähen und dann in der Eistüte festnähen.
Im Käfig befestigen Sie zwei Schnüre mit je einer Schlaufe oder einem Ring. Dort stecken Hans und Franz im Spiel die Eistüten – als Lockmittel für den Sommer – hinein.

Kostüme Die Spieler tragen normale Sommerkleidung und einige auch Sonnenhüte. *Frau Trude* und *Frau Veronika* haben altmodische Handtaschen, in denen sich je ein Fächer befindet, mit dem sie sich immer Luft zufächeln, wenn sie besonders aufgeregt sind oder wenn der vermeintliche Sommer sich gerade in der Nähe befindet. *Herr Bert* benötigt einen Abreißkalender. *Klaus* und *der Sommer* gehen barfuß, sie tragen kurze Hosen und Sonnenhüte. Und jeder hat ein Badetuch über der Schulter; der Sommer trägt zudem eine Sonnenbrille. Beide Spieler haben sich Sommersprossen ins Gesicht und auf den Oberkörper geschminkt. *Hans* und *Franz* haben ebenfalls leichte Sommer-

Sommer im Käfig

kleidung an. Sie treten mit den Eistüten auf, an denen sie ständig schlecken. Der *Wanderer* hat eine Wanderkarte dabei.

Einen Koffer findet man wahrscheinlich in der Rumpelkammer (alte Koffer sind dabei übrigens viel bühnenwirksamer als moderne Hartschalenkoffer).

Beleuchtung Wenn Sie einen Verfolgerspot (schwenkbarer Scheinwerfer mit stark fokussierbarem Licht) zur Verfügung haben, sollten Sie damit den Sommer bei seinem Auftritt beleuchten. Dieser besondere Schein, in dem der Sommer sich bewegt, läßt die Zuschauer gleich erkennen, daß es der „richtige Sommer" ist.

Musik Der „Sommer im Käfig" ist ein Singspiel mit drei Liedern, die jeweils als Motiv benutzt werden können. Das Wanderlied läßt sich mit dem Akkordeon begleiten, das Eislied mit Xylophon und das Sommerfängerlied mit Pauken und Trompeten.

Spieler Zuzüglich zu den Schauspielern benötigen Sie einen Chor, ein Orchester und einen Beleuchter.

Rollen   Herr Bert

 Frau Trude

 Frau Veronika

 Herr Lothar

 der Wanderer

 Hans und Franz, die Eisesser

 Klaus

der Sommer

Sommer im Käfig

Herr Bert blättert in einem Abreißkalender herum und reißt unwillig ein Blatt ab.

Herbstanfang!

Da ist leider nichts zu machen!

So ein schöner Sommer! Fast vorbei.

Nur noch ein paar Stunden. Meinetwegen könnte er gern noch eine Weile bleiben.

nicken zustimmend
Unseretwegen auch!

Am liebsten für immer. Da hat man schon mal Urlaub ..., und wenn der Sommer länger wäre, würde ich einfach noch ein bißchen hierbleiben.

traurig
Aber da kann man leider nichts machen.

traurig seufzend
Gar nichts.

Er klopft sich eifrig mit der Faust in die Hand.
Man sollte ihn sich schnappen. Der Herbst kommt doch erst, wenn der Sommer geht. Bleibt der Sommer da, wird's auch nicht Herbst.

entzückt
Das wär schön!

Herr Bert schlägt sich mit der flachen Hand an die Stirn: Er hat eine Idee.
Da fällt mir ein:
Wenn der Sommer geht, wird er doch sicher die Hauptstraße nehmen. Wir lauern ihm auf, schnappen ihn und sperren ihn in einen Käfig!

begeistert
Natürlich!

Das wird ihm aber nicht recht sein. Er will doch in sein Winterquartier nach Australien.

Ich dachte Südamerika?

Ich glaubte Afrika?

Das ist uns ganz egal. Er braucht auch nicht in sein Winterquartier, weil es ja hier nicht mehr Winter wird.

Alle anderen sind begeistert und rufen durcheinander.
Klasse!
Das ist die Idee!
Hurra!
Super!

Sommer im Käfig

Sie singen das Sommerfängerlied „Erst wird er ertappt", holen währenddessen die Fangnetze und gehen hinter den Hügel.

Erst wird er er-tappt, dann wird er ge-schnappt, dann wird er er-schreckt in den Kä-fig ge-steckt!

Sie setzen sich – hinter dem Hügel – auf die Bockleiter, um alles genau beobachten zu können.

🗓 Jetzt müssen wir nur noch Ausschau halten.

👜 Richtig: Ausschau halten!

🎣 Aufgepaßt! Kommt er schon?

👜 **Sie hält eine Hand an ein Ohr.** Ich hör' doch was!

🎣 Ich glaub', das ist der Kerl.

🗓 Bei drei schnappen wir ihn. Alles hört auf mein Kommando, eins, zw...

Sommer im Käfig

Ein Wanderer kommt daher und pfeift oder singt das Wanderlied.   **Der Chor begleitet den Gesang des Wanderers.**

Wer wan-dert, was er wan-dern kann? Das ist, na klar, der Wan-ders-mann. Setzt im-mer Fuß vor Fuß, es ist, als ob er's muß. Ein

Refrain:
Wand-rer hat ein Ziel, sonst hat er halt nicht viel; dem geht er hin-ter-her. Was will ein Wand-rer mehr?

Der Wanderer hat sich offensichtlich verlaufen. Er holt seine Wanderkarte aus der Hosentasche, schaut sich in der Gegend um und sieht auf der Karte nach, wo er ist. Dabei dreht und wendet er die Karte und sich selbst immer wieder.

 Er faltet den Plan jetzt wieder zusammen.
Aha, na ja, es ist noch weit.

 Er sucht den Weg nach Afrika.

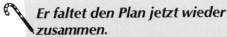 Oder Australien,

oder Südamerika.

 Er hat das Kommando nicht vergessen und zählt nun weiter.
Zwei und drei!

Die Sommerfänger stürzen sich auf den Wandersmann und fangen ihn mit ihrem Netz.

 Er versucht sich zu befreien.
He, was ist denn das? Loslassen!

 Jetzt haben wir dich!

 Endlich bleibt's für immer warm!

Sommer im Käfig

Eine Verwechslung! Ich habe nichts getan.

Bist du etwa nicht durchs Land gegangen?

Wolltest du dich etwa nicht davonmachen?

Bist du etwa nicht der Sommer?

Lenz ist mein Name, Arthur Lenz. Ich bin ein Wandersmann. Ich kenn' zwar den Sommer, bin's aber nicht.

Die Sommerfänger lassen ihn schnell frei.

peinlich berührt
Ein Versehen.

Tut uns furchtbar leid!

verständnisvoll
Das kann doch schon mal vorkommen, daß einer den Lenz mit dem Sommer verwechselt.

Wir wollen ihn in einen Käfig sperren.

Haben Sie ihn denn nicht gesehn?

Nein, der kam mir nicht entgegen, aber was wollt ihr denn von ihm? Er hat doch nichts getan.

Es ist nämlich so:
Wir wollen ihn fangen, damit er endlich bleibt – und heute noch muß er hier vorbeikommen, ...

weil morgen schon Herbst ist.

Wissen Sie denn, wie er aussieht?

Die Sommerfänger sehen einander ratlos an.

Wie er aussieht?

Das wissen wir leider nicht.

Ich weiß nicht, ob er überhaupt aussieht.

Sie müssen sich erst kundig machen. Sonst werden Sie ja jeden fangen, der auf dieser Straße geht.

Ja, wie sieht er denn nun aus?

Unauffällig! Aber wo er hinkommt, wird's heiß. Und weil ihm immer heiß ist, wird er sich sicher Kühlung verschaffen. Und wie verschafft er sich Kühlung?

Den Sommerfängern geht ein Licht auf, und sie sagen wie aus einem Munde.
Mit Eis!

Wie schön, daß wir jemanden getroffen haben, der sich auskennt.

selbstbewußt
Wir brauchen einen Käfig, denn mit einem Netz läßt sich der Sommer nicht fangen.

Sommer im Käfig

Die Sommerfänger singen das Lied.
Erst wird er ertappt ...

Von weitem hört man Gesang. Es kommen Leute näher, die aber noch nicht zu sehen sind.

Still, da kommen Leute!

Was singen die da?

Es sind zwei Eisesser, die das „Eislied" singen, den Refrain wiederholen Sie.

Refrain:
Eis am Stiel wird uns nie zu - viel, auch Ku - geln bit - te reich - lich! Das
liegt ganz ein - fach nur da - ran: Eis schmeckt un - ver - gleich - lich.

Liedtext:
Fünf Ku - geln ge - mischt nach ei - ge - ner Wahl, und
o - ben was drü - ber, sonst ist es so kahl! Ei - ner will Scho - ko,
der an - d're Ba - na - ne. Mit ei - nem Schirm - chen o - der mit Sah - ne?

Sommer im Käfig

 Eis! Das ist er. Alles hört auf mein Kommando.
Eins, zwei und ... drei!

Die fünf Sommerfänger stürzen sich auf die beiden Eisesser und fangen sie.

 auf einmal
Was wollt ihr von uns?
Was habt ihr vor?

 Wir haben dich gefangen!

 Du bleibst für immer da.

 Wer von uns beiden?

 Es sind zwei!

 Der Wanderer schaut ganz genau hin.
Es sind wirklich zwei!
Seid ihr beide der Sommer?

 Der Sommer ist nur einer, und ich bin's nicht.

 Ich bin's aber auch nicht.

 Es tut uns leid – eine Verwechslung. Wir wollen den Sommer fangen, damit er uns nicht entwischt und es noch eine Weile so schön bleibt.

 nickt bestätigend
Das ist wirklich sinnvoll.

 Wie sieht er denn aus, der Sommer?

 nachdenklich
Das wissen wir eben nicht so ganz genau.

 Es ist jemand, der sich Kühlung verschafft.

 Es ist jemand, der heute hier vorbeikommt.

 Es ist einer, der alleine ist.

 Wenn es der Sommer ist, dann hat er sicher einen Sommerhut.

 Und eine Sommerhose!

 Und Sommersprossen!

Alle stimmen zu. – Daß sie daran nicht gedacht haben!

 Und dann muß man ihn anlocken.

 Richtig! Am besten mit Eis.

Hans und Franz schauen sich um. Sie denken gar nicht daran, daß sie doch selbst ein Eis in der Hand haben.

 schaut nach einer Seite
Hier ist kein Eis.

 schaut zur anderen Seite
Und da auch nicht.

 Er nimmt ihnen ihre Eistüten ab.
Aber da. – Wir leihen es uns kurz aus. Ihr bekommt es wieder zurück, wenn wir den Sommer haben.

Sommer im Käfig

Hans und Franz schauen einander verdutzt an.

 Ihr wollt doch auch, daß der Sommer bleibt.

Hans und Franz nicken. Die Sommerfänger befestigen das Eis im Käfig. Dazu wird die Schnur gelöst und so der Käfig von der Decke herabgelassen. Er hängt nun in etwa 1 m Höhe über der Bühne. An den beiden Schnüren, die herunterbaumeln, befestigt der Wanderer nun die beiden Eistüten.

 Die Sommerfänger singen das Lied.
Erst wird er ertappt ...

 leise
Da kommt einer.

 flüsternd
Der geht barfuß.

 Er raunt den anderen zu.
Der hat einen Sommerhut.

 ergänzend
Und Sommerhosen.

 ergänzend
Und Sommersprossen.

 Es scheint so, als ginge er zum Baden.
Ich hab's gleich erkannt: Das ist er!

 Leise jetzt, sonst geht er uns durch die Lappen.

Ein Junge namens Klaus betritt die Bühne und will baden gehen; das Badetuch trägt er über der Schulter.

 Er sieht die beiden Eistüten an den Schnüren hängen, bemerkt aber nicht, daß es sich dabei um eine Falle handelt.
Eigentlich wollte ich Baden gehen und mir ein wenig Abkühlung verschaffen.
Aber erst mal zwei Eis essen, das ist mir auch recht.

Er greift zu, und da fällt der Käfig von oben herunter. Klaus ist gefangen.

Sommer im Käfig

Die ganze Schar der Sommerfänger kommt mit lautem und freudigem „Indianergeheul"

hinter dem Hügel hervorgestürzt und singt das Lied „Geschnappt".

Ja, er war zwar gut ver-kappt, doch wir
Und jetzt bleibt's für im-mer heiß! Es gibt

ha-ben ihn ge-schnappt! Man hat ihn er-kannt, dort hin-ein ver-bannt, und nun
al-le Ta-ge Eis. Man hat ihn ge-krallt, es wird nie mehr kalt, und jetzt

sitzt der Som-mer fest, weil man ihn nicht ge-hen läßt.
darf er nie mehr gehn. Ja, der Som-mer, der ist schön!

Während die Sommerfänger das Lied singen, kommt – unbemerkt – der echte Sommer vorbei. Er sieht genauso aus wie Klaus: Sonnenhut, Sommerhose, Badetuch und Sommersprossen; nur trägt er eine Sonnenbrille. Er hat sie zunächst auf dem Kopf, setzt sie dann aber auf die Nase, als er die Leute sieht, um unbehelligt an ihnen vorbeizukommen. Die Sommerfänger bemerken ihn erst, als er schon fast an ihnen vorübergegangen ist.

 – Er ruft den Sommerfängern fröhlich zu.
Bis zum nächsten Jahr: auf Wiedersehen! Wenn der Herbst kommt, muß ich gehn.

 Er schaut sich nach dem Herbst um, der ihm folgen sollte.
Der Herbst – er drängelt schon.

Er wendet sich wieder an die Sommerfänger.
Ich mache mich davon. Nach Afrika, Australia und auch nach Südamerika!

Er spricht Klaus an.
Laß dir's schmecken, lieber Klaus. Mit Eis und Baden ist's jetzt aus.

Der Sommer geht recht schnell davon. Die Sommerfänger sind wie am Boden angewurzelt, und Klaus läßt sich das Eis schmecken.

Sommer im Käfig

verdutzt
Wie? Was?

zu Klaus
Bist du nicht der Sommer?

Ich bin nicht der Sommer.
Mein Name ist Klaus.

Der Wanderer geht nun dem Sommer ein Stück hinterher, aber er erkennt: Der Sommer ist nicht mehr einzuholen.

traurig
Fort! Wie weggeblasen.

jammernd
Er ist uns durch die Lappen gegangen.

bedauernd
Oh, wie schade!

Da bleibt uns nichts anderes übrig, als auch zu gehen.

Sie gehen hinter den Hügel und holen ihren Koffer. Währenddessen werden einige Blätter von einer Seite der Bühne hereingeweht.

In einem Jahr – das ist klar – treffen wir uns wieder. Wir wissen jetzt, wie er aussieht: Er trägt eine Sonnenbrille! Darauf müssen wir achten.

Genau! An der Sonnenbrille können wir ihn erkennen.

Das hätten wir gleich wissen müssen.

Alle verabschieden sich voneinander und im Abgehen singen sie eine Variation des Lieds „Erst wird er ertappt" – allerdings viel langsamer.

Er ist fortgetappt
und wurd' nicht geschnappt!
Bald gibt's Eis und Schnee
wir sagen: Ade.

Klaus sitzt immer noch im Käfig. Das Eis hat er inzwischen verschwinden lassen und leckt sich nur noch die Finger ab.
Irgendwie gefällt's mir hier. Das war ein guter Tag heute: zwei Eis auf einmal.
Nächstes Jahr um die gleiche Zeit, komm' ich wieder her! Bloß darf ich nicht wieder meine Sonnenbrille vergessen!

Er kriecht aus dem Käfig heraus und schaut sich um. Noch mehr Blätter werden hereingeweht und Äpfel hereingerollt. Klaus greift sich einen und beißt fröhlich hinein.

Aber jetzt freu' ich mich auf den Herbst. Klasse: Äpfel essen und Drachen steigen lassen!

Er geht ab.

Vom selben Autor ist im FALKEN Verlag bereits erschienen:
Neue Reimspiele und Spielreime (1426)

Die Begleitcassette zu diesem Buch ist im Patmos Verlag GmbH,
Düsseldorf erschienen: **Theaterkiste**
Spielgeschichten und Geschichten zum Spielen
mit Liedern und Theaterstücken für die Grundschule ab 8 Jahren
MC – ISBN 3-491-87840-3 (DM 17,80)
CD – ISBN 3-491-88727-5 (DM 24,80)

Die Deutsche Bibliothek – CIP-Einheitsaufnahme

Wieland, Lorenz:
Neue Spielgeschichten und Theaterstücke : für Kinder ab 7 Jahren /
Lorenz Wieland. – Niedernhausen/Ts. : FALKEN, 1995
    ISBN 3-8068-1631-X
NE: HST

ISBN 3 8068 1631 X

© 1995 by Falken-Verlag GmbH, 65527 Niedernhausen/Ts.
Die Verwertung der Texte und Bilder, auch auszugsweise, ist ohne Zustimmung des
Verlags urheberrechtswidrig und strafbar. Dies gilt auch für Vervielfältigungen,
Übersetzungen, Mikroverfilmung und für die Verarbeitung mit elektronischen Systemen.

Lieder: Lorenz Wieland
Umschlaggestaltung: Andreas Jacobsen
Layout: Atelier Tiger color, Tom Menzel, Lübeck
Redaktion: Marion Schulz
Herstellung: Peter Beckhaus, Mainz
Titelbild: KONTRAST fotodesign, Frankfurt/M.
Zeichnungen: Peter Beckhaus, Mainz

Die Ratschläge in diesem Buch sind vom Autor und vom Verlag sorgfältig erwogen
und geprüft, dennoch kann eine Garantie nicht übernommen werden. Eine Haftung
des Autors bzw. des Verlags und seiner Beauftragten für Personen-, Sach- und
Vermögensschäden ist ausgeschlossen.

Satz: Peter Beckhaus, Mainz
Notensatz: Scorale / Oliver Mattern und Jürgen Krekel, Ober-Olm
Druck: Konkordia Druck GmbH, Bühl, Baden

817 2635 4453 6271